跨湖桥文化

施加农　著

文物出版社

图书在版编目（CIP）数据

跨湖桥文化／施加农著. —北京：文物出版社，
2018.6（2020.5 重印）
ISBN 978－7－5010－5571－5

Ⅰ．①跨…　Ⅱ．①施…　Ⅲ．①新石器时代文化－文化
遗址－研究－萧山区　Ⅳ．①K878.04

中国版本图书馆 CIP 数据核字（2018）第 074345 号

跨湖桥文化

著　　者：施加农

责任编辑：王　媛
封面设计：程星涛
责任印制：张道奇
责任校对：安艳娇

出版发行：文物出版社
地　　址：北京市东直门内北小街 2 号楼
邮　　编：100007
网　　址：http：//www.wenwu.com
邮　　箱：web@wenwu.com
经　　销：新华书店
印　　刷：北京京都六环印刷厂
开　　本：787mm×1092mm　1/16
印　　张：15
版　　次：2018 年 6 月第 1 版
印　　次：2020 年 5 月第 2 次印刷
书　　号：ISBN 978－7－5010－5571－5
定　　价：148.00 元

目　录

引　言

　　跨湖桥是景色秀丽的古湘湖中跨越上下湘湖的一座古桥，始建于明代嘉靖年间。在桥的旁边，有一处沉睡了约8000年的古人类遗址——跨湖桥遗址，遗址的文化层就埋在湘湖湖底沉积淤泥的3~4米以下。厚厚的沉积泥细腻且有黏性，可塑性极佳。由于长期未予疏浚，至清末民国时期，湘湖的大部分湖面已成为滩涂、平原或局部河道。这一区域地势低洼，且东南北三面均为丘陵山脉所围，西南部又临钱塘江，水患频繁，不利于农田耕作，自20世纪50年代以来，这里陆陆续续建起了数家砖瓦厂，每天不停地挖土，生产了大量的砖瓦。由于砖土的消耗量巨大，没过多少年，工人们就取完了遗址表土，开始挖向底下的遗址文化层，跨湖桥遗址的噩运从此降临，大量的石器、陶器、木器、骨器等被毁。据砖瓦厂工人回忆，取土时还曾发现用鹅卵石铺设的道路以及像柱子一样粗大的木头，说明一些珍贵的遗迹已毁损殆尽。由于制作砖瓦需要较为纯净的泥土，所以工人们会对其中夹杂的器物进行筛选，将木质类器物晒干作为燃料，其他则基本作为垃圾处理。当时有位姓陈的厂医懂得这是文物，有心收藏，于是工人们常拿着筛选出的石器等文物送给陈医生，以方便看病或开病假等等，所以整个厂里就属这位医生收藏的文物最多。2001年，陈医生的儿子将其父收藏的100余件文物悉数捐赠给萧山博物馆。这一部分文物虽然得到了很好的归宿，但大部分的原始遗迹和遗物已经毁损。据估算，遗址原面积大约30000多平方米，很有可能是当时的一个聚落遗址。

几乎与跨湖桥遗址被不断毁坏的同时，位于萧山以东约 100 千米的余姚河姆渡遗址的考古发掘正在热火朝天地进行着。跨湖桥遗址同样具有的稻作农业在河姆渡遗址被先期发现，大量的遗迹和遗物有力地证实了长江流域同样是中华文明的发源地之一。这是长江流域史前考古的重大发现，在海内外引起了巨大轰动，在随后的近 20 年，"浙江七千年"逐渐成为人们固化的基本认识。

1990 年，跨湖桥遗址的命运总算有了转机。当年的 6 月 1 日，萧山市文物管理委员会办公室经萧山电大学生提供的线索发现了跨湖桥遗址，并及时报告了浙江省文物考古研究所。省考古所立即派人进行了调查，并于 10 ～ 12 月进行了首次抢救性考古发掘，在 300 平方米的范围内出土了 100 余件遗物，发现橡子窖藏、建筑遗迹以及大量的陶片和动物遗骨。

跨湖桥遗址的文化面貌新颖独特，与已经发现的浙江省境内的河姆渡文化、马家浜文化和良渚文化等史前遗址都存在着明显的差异。其陶器的工艺似乎比较先进，胎壁很薄且很均匀，黑皮陶器的表面非常光亮，较之河姆渡文化甚至良渚文化的黑陶器都更为精良，但同时又存在着比较明显的新石器时代早期陶器的原始因素，所有陶器中无三足器与平底器，以圜底器为主，圈足也比较少见。考古人员一时无法识别其文化归属，只能先借助自然科学的手段确定遗址的年代。出乎意料的是，经 ^{14}C 年代测定，跨湖桥遗址的年代竟然距今 8000 ～ 7000 年。

这原本是一个突破性的发现，但却引来诸多的质疑。浙江省内的一些考古专家认为跨湖桥遗址的面貌有诸多比较先进的因素，年代不可能有那么早，对 ^{14}C 测定数据的准确性持有怀疑。跨湖桥遗址的第一次发掘因此进行了相当低调的处理，悄然收场。专家们的质疑在当时也不难理解，因为从 20 世纪 70 年代发现河姆渡遗址以来，浙江的史前考古已经基本形成了自己的源流谱系和文化格局，即以钱塘江南北的河姆渡文化与马家浜文化作为浙江文明的源头，续后的为崧泽文化、良渚文化，浙江具有 7000 年的文明史已经成为人们心中固化的观念。要突破这一观念，没有更丰富的考古资料和更权威的年代测定数据是很难的。遗憾的是，囿于当时认识所限，跨湖桥遗址申报萧山市级文物保护单位未被批准，发掘过的遗址只能任由砖瓦厂继续挖土，挖土机每天都在轰隆着，湮没了遗址无力的呻吟。

2000年，浙江省文物考古研究所的蒋乐平先生承担了"浦阳江流域史前遗址考古调查"课题，萧山博物馆工作人员与其沟通后，蒋先生将跨湖桥遗址的考古调查也纳入了这一课题。考古调查从浦阳江上游的浦江、诸暨然后再到萧山，先后发现了浦江上山遗址、诸罗家角遗址等重要史前遗址。2000年12月，考古人员在跨湖桥遗址1990年发掘区东南面100多米的一个探方中发现了1米多厚的文化堆积层，跨湖桥遗址再次被发现。

跨湖桥遗址的第二次抢救性考古发掘从2001年的5月正式开始，至7月底结束，发掘面积300多平方米，出土了大量的碎陶片和石器、动物骨角器、木器，还有稻谷颗粒以及大量的动物遗骨、植物遗存等等，仅复原的陶器就有120余件，大大丰富了遗址的文化内涵。

为了进一步验证遗址相对准确的年代，考古人员将遗址出土的标本送往北京大学及中国社会科学院考古研究所再次进行 ^{14}C 年代测定。测定的结果与1990年测定的结果一致，年代均在距今8000～7000年。浙江省内的考古专家与学者们在此基础上对跨湖桥遗址的年代问题进行了仔细分析，得出了肯定的结论。一是遗址文化内涵非常单纯，没有任何后期文化的干扰。遗址上覆盖着厚厚的淤泥，淤泥上部是近1米厚的海相沉积，海相沉积上面则是厚2米以上的古湘湖湖底的湖相沉积。浙江省水利部门对遗址的海相沉积进行了测试分析，结果表明其年代距今7000～6000年，年代上限正好与遗址的年代下限相吻合，说明跨湖桥遗址当年是遭受海侵而废弃的（因遗址处于三面环山的低洼地带，一旦海平面上升就无法在此居住）。而厚实的淤泥和后期形成的湘湖将跨湖桥遗址严严实实地覆盖起来，使遗址免受外界的侵扰，客观上起到了保护作用。二是遗址周边的山体均为石英岩，对 ^{14}C 年代的测定不会产生干扰。因此，跨湖桥遗址的年代应该是比较明确的。

在 2002 年 3 月举行的第一次全国性"跨湖桥遗址考古学术研讨会"上,部分与会专家除对遗址新颖独特的面貌惊讶地表示"看不懂"以外,对遗址的年代还是表示怀疑,大多数人认为跨湖桥遗址的年代不会早至距今 8000 ~ 7000 年,有的专家则根据陶器工艺的先进程度认为其年代只到新石器时代中晚期。

面对这样的争论,北京大学教授、中国考古学会副理事长严文明先生指出:"我们不能带着既有的眼光来看待一个崭新的发现。一是跨湖桥遗址的陶器中没有鼎足器,所有的石器都没有钻孔,这说明其年代比较早;二是跨湖桥人的食物主要还是依靠渔猎与采集为主,稻作农业只是一种补充;三是跨湖桥遗址与河姆渡遗址、马家浜遗址和良渚遗址的距离都很近,而文化面貌又与它们完全不同。因此,跨湖桥遗址的年代不会是新石器时代晚期的。这是一个崭新的发现。"严先生这番话对跨湖桥遗址做了非常科学的定性,也基本肯定了遗址所测年代数据的可靠性。会后不久,跨湖桥遗址被评为"2001 年度全国十大考古新发现"。

但是,此次会议的一个主要目标没能实现,即"跨湖桥文化"的命名。与会专家认为跨湖桥类型的遗址当时仅发现一处,而根据考古学文化命名的基本条件,必须找到与其同类型的其他遗址,了解遗址大致的分布范围和来龙去脉之后才能正式命名。为此,萧山博物馆于 2002 年 6 月起与浙江省文物考古研究所联合在湘湖区域及周边地区进行了为期一年的大规模考古调查,调查的重点包括越王城山东南山麓、风情大道工地沿线、跨湖桥遗址东北角的坐垫厂、所前镇孔湖及蜀山街道原上湘湖沿岸的大片区域。虽然在蜀山的沿山区域零星发现了一些新石器时代晚期的遗物,但与跨湖桥遗址的年代有很大的差距。2003 年 5 月,通过市民提供的线索,调查组终于在萧山湘湖区域的下孙自然村附近发现了与跨湖桥遗址同类型的下孙遗址。

2002 年 10 ~ 12 月,浙江省文物考古研究所和萧山博物馆还对跨湖桥遗址进行了第三次考古发掘,这是 2001 年遗址发掘的继续。2001 年发掘区的东北面已探明尚有 300 多平方米的遗址，因砖瓦厂仍在取土烧砖，必须进行抢救性发掘。此次发掘获得重大收获，不仅又出土了大量的陶器、石器、木器、骨角器、动物遗骨及水稻颗粒，还发现了一条独木舟及相关遗迹，引起了学术界与新闻媒体的强烈关注。独木舟一端由于砖瓦厂取土而被破坏，残长 5.6 米，宽 52 厘米，厚 2.5 ~ 3 厘米，系用整棵马尾松加工而成，摆放在当时的湖泊边上。在独木舟两侧排列状插着若干木桩，周围散落着几片木桨、石锛木柄及一些劈开的木料。这些散落的木料显然与独木舟有着密切的关系，是一种有机的并存，但其功能和性质一时无法解释。经 ^{14}C 年代测定，该独木舟的年代距今约 8000 年，是目前发现的国内乃至东南亚地区最早的独木舟，它的发现对研究中国乃至东南亚地区舟船起源和交通发展史等有着极其重要的意义。

2003 年 6 月，浙江省文物考古研究所与萧山博物馆对下孙遗址进行了试掘，在 60 多平方米的范围内出土了一些陶器与石器等，还发现了几个灰坑与柱洞。遗址的文化层堆积很薄，仅十几厘米，但其上叠压的海相沉积与湖相沉积都非常明显，遗址未被后期扰乱。经 ^{14}C 年代测定，下孙遗址的年代距今约 8000 年，其器物的文化特征与跨湖桥遗址基本相同。2003 年 11 月 ~ 2004 年 1 月，浙江省文物考古研究所与萧山博物馆对下孙遗址进行了正式发掘，发掘面积近 600 平方米，发现灰坑与柱坑约 70 处，基本呈密集型排列。由于下孙遗址的文化层比较薄，出土的遗物也相对较少，主要是石器与陶器，没有发现木质类遗物。下孙遗址中密集型的灰坑与柱坑显示其与跨湖桥遗址的功能性质不同，更加丰富了跨湖桥类型遗址的内涵。

下孙遗址的发现，其意义还在于为"跨湖桥文化"的命名提供了可靠的依据。2004 年 12 月 16 日，杭州市萧山区政府、浙江省文物考古研究所在萧山联合举办了"跨湖桥考古学术研讨会暨《跨湖桥》考古报告首发式"。在第二天举行的新闻发布会上，严文明先生宣布了"跨湖桥文化"的命名。这标志着我国一个崭新的考古学文化概念正式诞生。

跨湖桥文化遗址是继河姆渡文化、马家浜文化和良渚文化遗址之后浙江省境内发现的又一个新石器时期文化遗址，而且是当时浙江乃至长江下游地区发现的时代最早的史前文化遗址，它的发现与发掘将浙江的文明史向前推进了1000年。

第一章 遗址概况

萧山境内的跨湖桥文化遗址包括跨湖桥遗址和下孙遗址，两个遗址均位于湘湖区域内。

第一节　地理环境与历史沿革

萧山位于浙江省东部偏北的钱塘江南岸，东经 120° 04′ 22″ ~ 120° 43′ 46″，北纬 29° 50′ 54″ ~ 30° 23′ 47″。这里属北亚热带季风气候南缘，四季分明，降水量充沛，河流网布。整个地形自西南向东北倾斜，中部略呈低洼。南部是低山丘陵地区，间有小块河谷平原，系浙江中北部山系龙门山、会稽山、天目山的分支和余脉。中部为平原，是典型的江南水乡风貌。东北部基本为钱塘江与杭州湾海湾堆积平原，属宁绍平原的一部分。西北与古都杭州隔江相望，东南与历史文化名城绍兴接壤。西汉初至元始二年（2）建县，名余暨。三国·吴黄武年间（222 ~ 229）改名永兴。唐天宝元年（742）始称萧山，一直沿用至今。历史上的萧山县都隶属于会稽（后称越州，即今绍兴），1959 年 1 月起改属杭州。1988 年 1 月撤县设市，仍属杭州市辖。2001 年，撤市设区，称杭州市萧山区。

湘湖在萧山城区西面，旧时距离县城 2 千米，现随着城市建设已逐渐与城区相连接。湘湖原呈葫芦形，中间有一湖堤，将湘湖分为上湘湖与下湘湖。堤中间有一座石拱桥，名为跨湖桥。下湘湖地处两列西南、东北走向的山脉之间，东南列为石岩山、萧然山（西山），西北列为石檀山、东山头、美女山、城山。

约 4000 年前，湘湖区域曾是钱塘江的泻湖，湘湖最早记载于《水经注》，名"西城湖"[1]，后湮淤成一片低田。因湖的周围多为山丘，西部又临近钱塘江，每逢降大雨或钱塘江涨潮决堤，所有的农田都会被淹没，农民一年的辛劳就会付

---

[1]　郦道元著，陈桥驿等译注：《水经注全译》，贵州人民出版社，1996 年。

图 1-1-1　清代湘湖图中的湖堤与跨湖桥

之东流。据清毛西河《湘湖水利志》载，北宋熙宁年间（1068 ~ 1077），县民殷庆等奏请废田筑湖，以灌农田，神宗准其奏，后因县内士绅意见不一而未能实现。北宋大观年间（1107 ~ 1110），县民们又向县令请愿要求筑湖，仍未实现。政和二年（1112），杨时任萧山县令时，顺民意，力排众议，下令在杨岐山至亭子头达糠金山过小湖庙、岭头田至石岩和县城西石家湫至菊花山各筑一条塘堤，共废田地 37002 亩，改作蓄水湖。湖长约 19 里，宽 1 ~ 6 里不等，周围 82.5 里，西南宽，东北窄，形似葫芦。据钱宰《湘阴草堂记》载，"因山秀而疏，水澄而深，邑人谓境之深若潇湘然"，故名湘湖。《嘉泰会稽志》载："湘湖在县西二里，周八十里，溉田数千顷。"[1] 明嘉靖三十三年（1554），乡官孙学思为沟通

[1]　《嘉泰会稽志·卷三》，绍兴县地方志编纂委员会，1992 年。

湖西岸孙姓与湖东吴姓两族的往来，在湖中狭隘处筑长堤并建桥，称"跨湖桥"。从此，湘湖分为上下两湖，西南为上湘湖，东北为下湘湖[1]。民国以后，湘湖的水利功能逐渐削弱，湖面加速收缩，形成了大片的沼泽地。至20世纪中叶，湘湖已名存实亡。

图 1-1-2 民国时期的跨湖桥，抗战时桥面被毁

因环境变迁，湘湖的湖底沉积了厚厚的淤泥（即所谓的"湖相沉积"[2]），这些淤泥细腻而韧，是制作砖瓦的优质原料。自明代起即有人挖湘湖的淤泥设窑制砖瓦。清代湘湖的定山、汪家堰、跨湖桥、湖里孙、窑里吴诸村均以制砖瓦为业，时湘湖砖瓦已为萧山的大宗名产，"山脚窑烟"为湘湖八景之一。民国十四年（1925），沿湖11个村有砖瓦窑63座。自20世纪50年代以来，在湘湖先后办起省、市、县、乡各级砖瓦厂10余家，为浙江省优质砖瓦基地之一[3]。至20世纪90年代，湘湖沿岸尤其是下湘湖一带的湖底沉积淤泥已几乎被掏空，

---

[1] 《萧山县志·湘湖记略》，浙江人民出版社，1987年。

[2] 湖相沉积形成于湖泊中，是具有湖泊环境下原生沉积特征的沉积物。

[3] 《萧山县志》，浙江人民出版社，1987年。

图1-1-3 跨湖桥遗址第二次发掘前

城厢砖瓦厂在遗址附近堆满了砖瓦坯。图片右上方是长河砖瓦厂的烟囱，砖瓦厂
一个紧挨着一个。

大多数砖瓦厂的取土点已经挖到山脚的岩石层，有的厂不得不停产息业。下湘湖
至上湘湖东部区域形成了一个接一个巨大的土坑，由于地势低洼，雨水与地下水
极易集聚，一旦停止抽水，就迅速成为一个个大型的水池。

（一）跨湖桥遗址位置

跨湖桥遗址位于原城厢砖瓦厂取土工地，距离明代所建的跨湖桥约百米。

由于湘湖内地势低洼，历史上从未有人在湖区内居住，当地人习惯把此地称
为"跨湖桥"。根据民国十六年（1927）湘湖图标识，在跨湖桥西北面的城山南
部山麓曾经有"跨湖庄"，应该是个小型的自然村落，另有两个地名"冷饭滩"
和"钱家滩"。冷饭滩与钱家滩显然是湘湖长期未疏浚所形成的湖边滩涂，历史

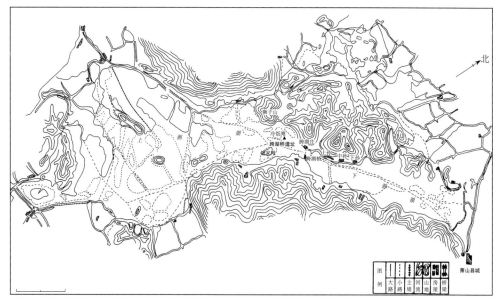

图 1-1-4 民国十六年（1927）湘湖图

不会太久。跨湖桥遗址第一次发掘区的东北面是跨湖桥，跨湖桥西北靠近城山山脚下是跨湖庄，西侧是冷饭滩，南部是钱家滩。1990 年考古发掘时，当地村民对此地还曾有一个"花乌桥"的称谓，应该是"跨湖桥"的口误讹传。因此将此遗址定名为"跨湖桥遗址"最为合理。

民国十六年以来，湘湖的水域面积愈加狭小，堆积的湖底淤泥已经占据大部分湖面。因湘湖区域地势低洼，时常被水淹没，不适宜人类居住，也不利于耕作，但冷饭滩和钱家滩这种滩涂沉积的淤泥是制作砖瓦的良材，于是当地延续历史上湘湖八景之一的"山脚窑烟"，办起了多家砖瓦厂。城厢砖瓦厂从 20 世纪 50 年代起即在此地挖土烧砖，由于生产条件较差，取泥都用人工挖掘，所以对遗址的破坏不是太大。据该厂老工人回忆，他们取土时曾在 2001 年、2002 年发掘区以西约 170 米处发现过用石子铺的"路"以及由 4 根大木柱构成的方形"房址"，在 2001 年和 2002 年遗址发掘区西北 60 ~ 80 米处也曾发现过石器、鹿角等。根据调查与考古发掘情况判断，跨湖桥遗址原面积约 30000 平方米，包括冷饭滩和

图 1-1-5 跨湖桥遗址考古发掘前的下湘湖区域

从西南石岩山向东北拍摄。此时的湘湖尚未恢复湖面，展眼望去，四面环山，
如同一块盆地。

钱家滩在内的大片区域曾经都属于遗址范畴。但是经过砖瓦厂多年的挖土，大部
分遗址已经毁损殆尽，由文物部门进行考古发掘的仅约 1000 平方米。

（二）下孙遗址位置

在湘湖城山东南，即跨湖桥以东南麓沿山分布着上孙、中孙和下孙三个自然
村落，下孙遗址位于下孙自然村与湖对岸窑里吴自然村之间的原湘湖砖瓦厂取土
工地，从 20 世纪 60 年代末即开始遭受砖瓦厂的取土破坏。考古人员通过钻探调查，
确认留存的遗址面积在 5000 平方米左右。由于长年取土，遗址的东南和西南部已
成为硕大的深坑。2003 年 5 月遗址被发现时，挖土坑已积水成湖，而遗址的文化
层即在湖岸边，原遗址范围已无法确定。

第二节　地貌变迁

2002 年前后，浙江省地质调查院在杭州地区区域地质调查中，运用气候旋回、基准面旋回以及海平面升降事件等三个级别的高精度对比，绘制出《全新世湘湖地区的瞬时岩相古地理图》，对古地貌特征进行了有益的探索。此处特择距今 10000 年、8000 年、7000 年、6300 年的四张瞬时岩相古地理图以分析湘湖地区全新世以来的古地貌变迁[1]。

在距今约 10000 年的更新世末期，受末次冰期的影响，萧山与整个宁绍平原区域处于海退阶段，萧山东部为潮上带的黏土及亚黏土沉积。从萧山北至钱塘江沿岸以及萧山城区至南部蜀山的广大地区广布着一条宽窄不一的沙堤，在萧山城附近也发育了一贝壳堤。南部越王峰山麓所前镇的来苏一带则见洪积扇堆积。下孙一带则为剥蚀区。古钱塘江从浦沿镇西侧流过（比现在钱塘江更靠东南），在滨江的浦沿至长河及闻堰一带发育大片河流过滩沉积。其他地区，包括长河、西兴及跨湖桥一带则出现大片沼泽。随着末期冰期的发展，温度进一步下降，海平面大幅度后退，大片的区域暴露于地表，由于风化剥蚀作用，形成分布广泛的铁质风化壳。

末次冰期结束，海平面随即抬升，距今约 8000 年，湘湖地区已成为潮汐作用的主要地区。从滨江区的西兴到浦沿以北以及西部潮水活动频繁，已成为潮间带，以南地区以及萧山城区、城南以东一带则发育为沿岸沙堤。在西兴及其东北一带则出现潮上带的沉积。跨湖桥南、长河东北侧成为沼泽。

距今约 7000 年的瞬时岩相图基本反映了一个相对的海退期。西兴至跨湖桥为一南北向的剥蚀区（陆地），萧山城附近也有小块剥蚀区。浦沿至长河北西部为潮汐活动区，并沿山口一直向南延伸。沙堤沿浦沿、长河、西兴、萧山城区、蜀山、来苏呈环状分布于剥蚀区、丘陵周边。潮上带仅见于闻堰及萧山以东地区，贝壳层则见于萧山城区，沼泽地仅见于跨湖桥遗址附近西南部。

---

[1]　浙江省地质调查院：《区域地质调查报告——杭州市幅》，2003 年。

距今约 6300 年的瞬时岩相图显示，潮间带已经波及浦沿、长河、西兴一线西北地区，西兴、下孙至萧山城区一线北东部为大潮达到的潮上带，期间的广大地区则为沙堤，沙堤中的洼地积水成小片沼泽。这一古地貌特征表明海平面在上升，海侵面积在不断扩大。

距今约 3800 年，湘湖潮间带沉积进一步扩大，由西兴经下孙一直到跨湖桥，仅在闻堰、萧山城区两地呈东北向有两条潮上带分区，其他均为沙堤，为海潮最高期的沉积。至距今 3000 年前后，潮间带向北退缩，潮上带有所扩大，但湘湖地区仍处于潮水的控制中。

综上所述，距今 8000～7000 年，虽然末次冰期已结束，但海平面还比较低，湘湖一带地质情况相对稳定，且气候宜人，为跨湖桥人提供了良好的生存环境。而后因海平面逐步上升，湘湖区域最终被海侵所淹没。因此在遗址文化层上方堆积了厚实的海相沉积[1]与湖相沉积。

由于跨湖桥遗址文化层处在海拔 –1 米以下，因此在全新世全球气候变暖、海平面逐步上升的情况下，海水倒灌淹没遗址是必然的结果。在跨湖桥遗址和下孙遗址发掘中，叠压在跨湖桥文化层之上的地层中都发现明显的海侵迹象，主要表现在水平层理相的潮间带和潮上带堆积。经测定，叠压层的年代距今 7000～5000 年，其年代的上限正好是跨湖桥遗址文化层的下限。堆积层的厚度约 1 米，由平均每层 1～2 厘米的沉积泥与海洋生物组成，清楚地记录了海进与海退的过程。跨湖桥遗址的海相沉积属于"滨海相沉积"，其海侵迹象也充分印证了历史地理学家陈桥驿"卷转虫海侵"的论点[2]。

距今 4000～3000 年，湘湖一带受海潮影响逐步缩小。由于湘湖区域濒临钱塘江，周边又被山脉所围绕，加上雨水充沛，大量的湖底淤泥覆盖在海相沉积之上，形成 2～3 米厚的湖相沉积。此时跨湖桥遗址一带成为钱塘江流域的泻湖，

---

[1] 海相沉积是指海洋环境下，经海洋动力过程产生的一系列沉积，反映了海洋环境特征。
[2] 陈桥驿：《越族的发展与流散》，《东南文化》1989 年第 6 期。

湘湖的雏形慢慢形成了。厚实细密的湖相沉积对跨湖桥文化遗址的遗物起到了极好的隔离保护作用。

第三节　跨湖桥遗址的发现与发掘

（一）遗址的发现

1990 年 5 月 30 日，广播电视大学萧山分校教师巫灵霄打电话给萧山市文物管理委员会办公室，告知了电大学生郑苗曾于湘湖区域捡拾到文物的信息。我与倪秉章二人即刻前往电大，找到了郑苗的班主任胡建功老师，胡建功随即找来了郑苗。其采集的石斧、石凿、动物骨器等经鉴定均为史前文物，郑苗当即表示愿意将这批文物上交给国家。据郑苗讲述，他在读小学五年级时就知道湘湖有出土文物，地点在杭州砖瓦厂以西 500 米处。砖瓦厂的工人们时常在挖出的泥中发现出土文物，但这些文物属于砖瓦泥中的"杂质"，所以必须仔细地挑选出扔掉。作为砖瓦厂职工子女的郑苗自幼喜欢历史，所以经常到取土工地捡拾被工人们丢弃的文物，在湘湖区域他曾看到过石斧、石凿、骨针、骨哨等，1989 年还曾发现过一只小木船，他认为是独木舟。

郑苗还动员了正在萧山中学上学的好友黄巍将捡到的文物上交给文物部门。二人上交的数十件文物有石器、木器、骨器和陶器数种，其中有几件是制作陶器的工具——陶里手，说明遗址中的陶器是当时人们自己所制作的。黄巍上交的文物中还有一件是用大型动物肩胛骨制作的农具骨耜，长约 30 厘米，尾部有一插柄用的孔，其形制与河姆渡遗址出土骨耜完全不同。

史前的骨、木类遗物在萧山境内从未被发现过，骨哨在之前也只有河姆渡遗址有出土。郑苗、黄巍上交的这些文物包含着重要的信息，出土这些文物的地方究竟是遗址还是墓葬，必须要去现场做进一步的调查。为此，我向郑苗提出了请他带我们去出土文物现场的要求，郑苗欣然同意。

1. 黄巍采集上交
尾部钻孔插柄。

2. 河姆渡遗址出土
木柄为直接捆绑。

3. 河姆渡遗址出土
钻两孔捆绑木柄。

图 1-3-1　形制不同的骨耜

　　1990年6月1日下午,我与倪秉章二人同郑苗相约一起前往湘湖区域进行调查。城厢砖瓦厂取土工地一片狼藉,我们在被挖土机翻过的黑漆漆的泥土中发现了大量的陶片、兽骨、鹿角、木器残件等。所幸在取土后一侧的剖面上还残留着几十厘米厚、宽约30米的文化堆积层,倪秉章先生一眼看出这是一处新石器时代的文化遗址。

　　第二天,借浙江省文物考古研究所副所长朱伯谦和研究员牟永抗两位先生考察湘湖中一处省级文物保护单位越王城遗址的机会,我将在湘湖区域发现文化遗址的情况向朱伯谦先生做了报告。6月14日,省考古所派芮国耀、杨楠两位考古专家由我陪同前往遗址现场进行调查。芮国耀先生告诉我,必须对

1. 陶里手

制作印纹陶器必备的工具,也称"垫拍""陶拍"。

2. 骨锯齿形器

3. 骨锥

4. 骨锥

5. 骨锥

中间刻有"井"字形符号。

图 1-3-2　郑苗、黄巍采集上交器物（一）

1. 骨镖
双层四反钩形，中间有一钻孔。

2. 骨镖
单层双反钩形。

3. 骨镞
圆锥形。

4. 木镞
圆形镞头、铤，铤的后部已残缺。

5. 骨针
长9厘米，尾部针眼孔径不足
1毫米。

6. 骨钉
形如钉子，尖部略残，尾宽。
通体光亮，经抛光处理。

7. 木勺

两件，其中一件柄残缺。

8. 石锛

两件。石质细腻，分别呈深绿色、黑色，
表面光滑，都经抛光处理。

9. 骨哨

双孔。此前浙江省境内仅有河姆渡遗址发现过骨哨，该
骨哨与河姆渡遗址出土的骨哨形制相同。

图 1-3-3　郑苗、黄巍采集上交器物（二）

遗址进行抢救性考古发掘，并要求城厢砖瓦厂立即停止遗址范围内的取土。此举得到了厂方的支持与配合，并出资 3 万余元作为考古发掘经费。随后，省考古所将抢救性考古发掘方案报请国家文物局审批。由于遗址位于古湘湖的跨湖桥附近，当地人也称此地为跨湖桥，在遗址的北面还曾经有一个名为"跨湖庄"的自然村，因此考古领队芮国耀将这处遗址定名为"跨湖桥遗址"。

其实跨湖桥遗址大约在 20 世纪 60 年代中后期就已经因为砖瓦厂取土而被挖开，当时萧山尚无专门的文物管理机构，虽然省、市文物部门的专业人员曾经得到过出土文物的线索，但是由于种种原因没有进行深入的调查。倘若在当时就进行考古调查与发掘，跨湖桥遗址揭露的面积可能在 20000 ~ 30000 平方米，必然能发现更多有价值的遗存。如果没有郑苗和他的老师提供重要线索，如果萧山文物部门的工作人员没有立即去现场调查并及时向省考古所报告，如果省考古所没有及时组织人员进行考古发掘，跨湖桥遗址必将遭受彻底的毁灭。

图 1-3-4　新修建的跨湖桥

（二）遗址的"发现者"与"提供线索者"

多年来，社会上乃至考古界都存在着一种比较模糊的概念，往往把提供线索的人当作是文化遗址的发现者，因此有必要对此说下拙见。所谓的"发现"，在各种词典上都有相同意义的解释。《辞海》："本有的事物或规律，经过探索、研究，才开始知道，叫做'发现'。"[1]《新华词典》："经过探索研究找出以前还没有被认识的事物或规律。"[2]《现代汉语词典》："经过研究、探索等，看到或找到前人没有看到的事物或规律。"[3]对照上述解释，我们可以比较清晰地辨析文物或文化遗址的发现问题，即文物或文化遗址是历史上本有的事物，是客观上早已存在的，但又不是通常情况下很容易被了解、认识或发现的。譬如一处古建筑已经存在了数百年，但居住的人或路过的人并不知道它的具体年代，更不知道其文物研究价值，只有文物考古或古建筑专家经过调查后认识到其价值，才算是"发现"。又如有些流散文物或传世文物一直在流通使用，而使用者并不知道这是文物，更不知道这些文物的价值，只有文物专家判断出其价值，才是"发现"。

关于跨湖桥遗址的发现，此前几乎所有的新闻媒体都把提供线索的人称为"发现者"，对此我持不同的意见。如果提供线索的人是发现者，那么砖瓦厂的工人们在挖土时早已看到出土文物，他们也应该是"发现者"了。砖瓦厂有位陈医生收集了一批出土的文物，这是种有意识的行为，那么陈医生也应该是遗址的"发现者"了。这让我联想到陕西最早挖到秦始皇兵马俑的农民，当地把他们称为"发现者"，博物馆还把他们请来给观众签名。而事实上这些农民在打井挖到兵马俑时，根本就不认识是何物，甚至把兵马俑当作神灵鬼怪，抑或不吉之物乱扔或者再次深埋了。后来是当地的文物工作者得到信息后，经过考古发掘与研究，才得出是秦始皇陵陪葬坑这一结论的。因此，兵马俑的真正发现者应该是文物考古专家，而那几位农民只是提供线索的人。同样，跨湖桥遗址

---

[1]　《辞海》，上海辞书出版社，1989 年。

[2]　《新华词典》，商务印书馆，2001 年。

[3]　《现代汉语词典》，商务印书馆，2003 年。

的发现虽然也离不开线索的提供者，但真正"发现"遗址的是文物考古专家。

跨湖桥遗址的发现是一个比较漫长的过程。在 1990 年，文物考古专家对遗址只能算是初步的认识。因为遗址崭新的文化面貌，考古工作者一时无法断定其年代及文化归属，即使利用了先进的自然科学测定方法也一时难以服人。2001 年、2002 年两次考古发掘出土的标本经过多家权威机构测定后，仍有专家对其年代数据的准确性持有怀疑，直到浦江上山遗址、嵊州小黄山遗址的晚期都发现了跨湖桥类型的文化层堆积，才进一步证明了跨湖桥遗址年代的可靠性。2004 年年底，经过权威专家的科学分析和认真阐述，跨湖桥遗址的年代得以基本确立，其独特的文化类型也得到了肯定。所以说，跨湖桥遗址的发现正如《辞海》中阐述的那样，是一个"探索、研究"的过程。

此处小议跨湖桥遗址的发现问题，仅就社会上和媒体对文化遗址"发现"一说的随意性或不准确性说说自己的观点，避免误导，绝不是要否认提供线索人的作用。以跨湖桥遗址的发现来说，若不是郑苗提供的线索，文物考古专家也无法在相对封闭施工的砖瓦厂工地发现这么重要的文物遗址。而若是任由砖瓦厂不停地挖土，若干年后遗址就将被彻底摧毁。因此，对于遗址的发现，提供线索者同样功不可没。

跨湖桥遗址的发现也提醒了我们，文物无小事，一些看似不起眼的线索，也许就能引出一项重大的考古发现。

（三）遗址的发掘

1. 第一次发掘

跨湖桥遗址的第一次发掘由浙江省文物考古研究所芮国耀、方向明、赵晔、徐新民、孟国平、马祝山以及萧山市文物管理委员会办公室倪秉章等组成考古发掘队，芮国耀任领队。报得国家文物局审批同意后，考古发掘从 1990 年 10 月 10 日正式开始，至 12 月 11 日结束。发掘共布 5 米 × 5 米探方 13 个，包括扩方在内，实际发掘面积约 330 平方米。探方地层统编为 9 层。

图 1-3-5　跨湖桥遗址第一次发掘区（西—东）[1]

画面右上方砖瓦厂的推土机正在作业，左上方是整齐堆放着晾干待烧的砖瓦坯，远处城厢砖瓦厂的砖窑与烟囱隐约可见。

此次发掘共出土陶器、石器、木器和骨角器等 130 件有编号的遗物以及一批黑陶、彩陶碎片和骨角器残件，还发现了灰坑、房址、柱洞及特殊的建筑遗迹等，获得了较为丰富的资料。

建筑遗迹 F4 位于编号为 T303 的探方内，营建于⑦层上，仅残存南部一角，显然已经被砖瓦厂取土破坏。残存墙体平面呈 V 形，长 12 ～ 13 米，高 30 ～ 40 厘米，宽约 35 厘米。墙体土色灰白，质地纯净紧密。墙体的内侧以约 30 厘米间距埋设木桩，木桩皆经过加工，残长 13 ～ 64 厘米，横截面呈半圆形、三角形或长方形，底部有明显的砍削痕迹。F4 室内还残存有一处烧土面。

在墙体外的东南面发现呈不规则状分布的木桩。木桩东面有一处用木料搭建

[1] 转自浙江省文物考古研究所、萧山博物馆：《跨湖桥》，彩版二：1，文物出版社，2004 年。

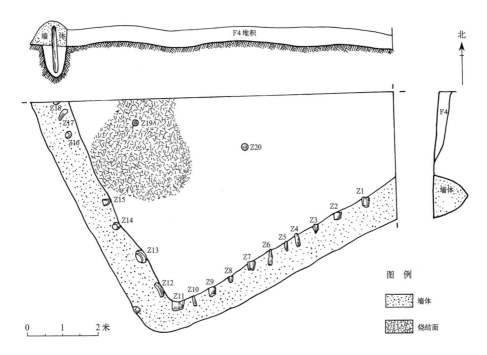

图 1-3-6 跨湖桥遗址 F4 平、剖面图 [1]

建筑遗址残存的墙基呈 V 形，厚度约 1 米，墙基内侧留有 19 根形状与分布
均不规则的木桩。室内西侧地面上有一处火烧土痕迹。

的"井"字形橡子窖藏 H17，开口于⑥层下，平面呈正方形，袋状，底略平。坑
口边长约 65 厘米，底部边长约 70 厘米，深 50 厘米。"井"字形的木构分两层，
交叉叠压，木材长约 70 厘米，横截面分为圆形、半圆形、长方形三种。形成的"井"
字形边框边长约 30 厘米。

窖藏内保存有丰富的橡子。橡子是栎树的果实，形似蚕茧，故又称栗茧，其
外有硬壳，呈棕红色，内仁如花生仁，淀粉含量约 60%，是一种可食用坚果。橡
子窖藏的西壁近底部有一长 48 厘米、宽 17 厘米、厚 3 厘米的木板，坑底北部和
西南角还有残存的木桩，其用途还有待于进一步研究。

---

[1] 转自浙江省文物考古研究所、萧山博物馆：《跨湖桥》，图一五，文物出版社，2004 年。

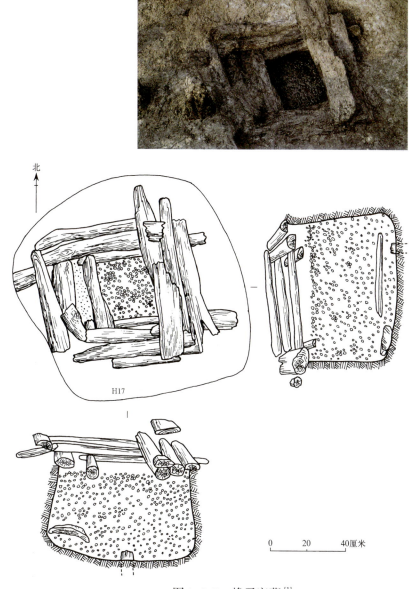

图 1-3-7　橡子窖藏[1]

___

[1] 转自浙江省文物考古研究所、萧山博物馆:《跨湖桥》,彩版七:1、图一六,文物出版社,2004 年。

陶器　有圜底器、平底器、圈足器，不见三足器。器形主要为釜、罐、豆、圈足盘（豆盘），另外还有少量的甑、钵、小罐、支座、支钉、里手（垫拍）、器盖、线轮、纺轮等。出土的陶器主要有夹砂陶、夹炭陶、粗泥陶及少量的夹蚌陶。其中夹砂陶以釜类器为主。陶釜需用三个陶支座支撑才能煮炊食物，这种方法比较原始，河姆渡时期仍在使用，到新石器中期后才出现了有足的器形，并出现了鼎、鬲等专门的炊具。陶支座在跨湖桥遗址中发现较多，说明在当时是普遍使用

2. 方形斜角陶支座

此件支座制作特别规整，内侧中部还有一圆形镂空，是所有出土支座中最精致的一件。

1. 圜底绳纹陶罐

也有称是釜。但如此高大的圜底器物作为釜使用的话平衡性极差，容易倾覆。

3. 长方形截面斜角陶支座

尺寸比较大，可以支撑更大的陶釜。

图 1-3-8　陶器

1. 太阳纹彩陶片

2. 几何形纹饰彩陶片

3. 弦纹、水波纹彩陶片

4. 弦纹、竖点纹彩陶片

5. 交叉纹彩陶片

图 1-3-9　彩陶片

的。夹炭陶主要是夹炭化的植物末,烧制温度较高。粗泥陶、夹炭陶主要为盘、罐、豆。陶色以黑陶为主,少量为红陶,此外还发现了不少的彩陶片。彩陶绝大多数为粗泥胎,器表施红色或白色陶衣,磨光后绘彩,主要有红衣白彩和白衣红彩两种,少量为黑彩,纹样有条纹、曲折纹、"十"字形交叉纹及太阳纹,这是浙江地区发现的比较丰富的史前时期彩陶。

1. 石锛

3. 石斧

这种石斧既可以捆绑在木柄上使用，也可以直接手握使用。

2. 石锛

刃部已残缺，是使用的结果。

4. 鼻形穿孔式璜

这件璜尚未制作完成，两面的钻孔还未贯通。

 ——

5. 管状式璜

这是件制作完成的璜，圆弧形。虽然体积较小，但内部贯通，可以穿线挂于胸前。

图 1-3-10　石器

石器　主要为锛、斧、凿、锤、镞等，还有两件类玉的萤石制成的璜等。除磨石外，大多数石器表面均经抛光处理，光亮如漆。石锛在跨湖桥遗址出土的石器中数量最多，如同当代的铁锄，装上木柄后功能基本相同。个别石锛的刃口上有砍砸过的痕迹。石斧形制与石锛从正面看非常相近，所不同的是石斧为双面刃。石器的材料一般为沉积岩石，石质细腻、坚硬。多数石器呈墨绿色，有些近黑色。这些石器的石材目前在萧山和周边地区未曾发现，取之于何地有待考证。两件石璜，一件呈扁圆弧形，长 6.2 厘米，鼻形穿孔式；另一件为弧形中空管状式，长 2.9 厘米。经测定，璜的材质属于萤石，但外观如玉，具有与玉同样的装饰效果。在史前时期未出现金属工具的情况下，要在非常坚硬的萤石上钻孔是极不容易的事情，专家们至今仍无法确定当时的人们采用了什么工具和方法。这种萤石矿在萧山当地和周边地区也未曾发现，难道当时已经存在贸易来往了吗？

木器　木质遗物完整器较少，包括采集品在内，主要有锥、镞及一些用途不明的器物。其中一件长约 40 厘米、宽约 15 厘米，外形如船桨，内部挖出长方形槽的不明器物，其功能与用途尚不清楚。

骨角器　骨角器有锥、匕、哨、针、梭形器及用鹿角制成的钩形器。

第一次考古发掘所出土的这些遗物面貌非常新颖独特，在浙江乃至长江下游地区均未曾发现过。从陶器工艺上分析似乎比较先进，如胎体相对薄而均匀，比一般手工捏制的陶器更加规整；彩陶不仅数量与品种比较丰

1. 形如船桨的不明木器

2. 骨锥

用动物遗骨制成，质地坚硬，可用于宰杀动物或切割肉类，也可用于防身。

图 1-3-11　木器、骨器

富，制作工艺也已非常成熟。但是从器形上看却又有明显的原始性存在，如所有陶器中带足的器物都是圜底，所有的石器均无钻孔。此外，遗址出土遗物的文化面貌也与浙江境内早期的河姆渡文化、马家浜文化及后期的崧泽文化和良渚文化迥然不同。因此遗址的年代及其文化属性等令人非常疑惑。为了弄清遗址年代，考古队将采集的4个木质遗物标本送至设在杭州的国家海洋局第二海洋研究所进行 ^{14}C 年代测定。让人非常意外的是，测定结果表明遗址的年代在距今8000 ~ 7000 年。如果数据可靠，那么跨湖桥遗址的年代明显早于河姆渡遗址④层及罗家角④层，是当时发现的浙江省境内最早的新石器时代遗址，这在浙江乃至长江下游地区史前考古领域都是一项重大发现。

但这一测定结果却未能得到学界的认可，除了认为测定数据并不可靠，跨湖桥出土陶器的先进性也让专家对其年代距今8000 ~ 7000 年表示怀疑。因此，考古界对跨湖桥遗址保持了谨慎、低调的态度，一次本应有重大突破性的考古发掘就这样悄然收场了。萧山市文物管理委员会办公室要求将遗址列为市级文物保护单位的申请也未被批准，发掘过的遗址被砖瓦厂取土破坏，留下的只是说不尽的遗憾。

2. 第二次发掘

第一次考古发掘被冷处理后，我和同事王屹峰并没有灰心，既然怀疑遗址年代数据测定的可靠性，也就是怀疑测定单位的设备与技术有问题，那为何不把同样的标本请更权威的机构再去做测定呢？

2000 年，浙江省文物考古研究所的蒋乐平先生承担了浦阳江流域史前遗址考古调查的研究课题，调查线路计划先从浦阳江上游的浦江、诸暨开始，最后到萧山。在调查进入萧山境内时，我与配合参与调查课题的王屹峰一致认为这是跨湖桥遗址再调查的好机会，所以专门与蒋先生沟通，建议将跨湖桥遗址调查纳入其课题范围。12月下旬，考古调查队进入古湘湖区域，在城厢砖瓦厂取土工地附近进行考古调查。考古队员在1990年发掘区的东北面约100米处连续打了几个探方，终于在一处距地表1米深的探方内发现了厚1米多的跨湖桥遗址同类型文化堆积层。

此时城厢湘湖砖瓦有限公司的推土机还在遗址附近来回取土，并逐步向遗址逼近。公司经理罗雪康告诉我，过了春节，他们就要开挖"遗址"范围内的泥土，要不然公司就会停产，而公司原本就是靠银行的 200 万元贷款在维持生产，实在耽误不起。时间紧迫，我们不能眼看着已发现的遗址再次被毁，必须尽快进行抢救性考古发掘。为此，我一方面向公司负责人传达了文物保护的有关政策，要求公司未经文物部门同意不得在遗址范围内取土；另一方面立即向上级主管部门汇报，并向萧山市政府申请 12 万元考古发掘经费。

2001 年年初，在焦急等待经费下拨的日子里，我直接给萧山区副区长周红英打了电话。周副区长在电话里告知我，好几个区领导问她，中华文明也才只有 5000 年，萧山的跨湖桥遗址怎么会有 8000 年，对此她也有些疑惑。我向其解释，遗址有 8000 年历史并不是考古专家们自己说说，而是经过科学数据测定的，因此跨湖桥是个极其重要的遗址，是目前浙江省境内发现的年代最早的史前遗址，比著名的河姆渡遗址还要早 1000 年，这个 8000 年的历史与中华文明的 5000 年是不同的概念。听了我的解释，周副区长当即表示要到遗址现场去看看。几天后，周副区长召集了文化、城建、土管、财税、交通等部门的负责人一起来到跨湖桥遗址。在现场，我详细汇报了遗址 1990 年发掘的情况和遗址再次发现与发掘的重要性。周副区长在听取汇报后又仔细查看了现场，对遗址发掘的重要性表示了赞同。随后，萧山区政府下拨 5 万元考古发掘专项经费，并批复同意在当年萧山区文物保护专项经费中再提取 7 万元用于考古发掘。

在报批国家文物局同意后，跨湖桥遗址第二次考古发掘于 2001 年 5 月中旬开始，由浙江省文物考古研究所蒋乐平、郑建明、孟国平和萧山博物馆王屹峰等人组成考古发掘队，蒋乐平任领队。第二次发掘开始共布 10 米 ×10 米探方 5 个，出乎意料的是，经过一个多月的挖掘始终没有发现遗址及遗物。难道是调查情况有误？还是仅有调查时发现的那一小块地方有遗存？难道这次发掘最终会竹篮打水一场空？另一边，砖瓦厂一直等着发掘结束后可以继续取土，因

图 1-3-12　2001 年年初，萧山区副区长周红英（中）与区文化广电局副局长
李凌峰听取湘湖规划情况

此负责人不断地前来催促。加之天气日渐炎热，焦躁不安的情绪渐渐在考古队员们心头蔓延。

　　6 月底，在挖掘工地的王屹峰特地回到单位，告知我省考古所二室主任王海明先生要到工地讨论考古工作是否要继续进行，因为按照省考古所的制度规定，所有的野外考古队在 7 月份开始的暑期都要收工。眼下探方内尚无遗址的迹象，虽然也担心烈日下考古人员会中暑，但我与发掘领队蒋乐平及现场大部分考古人员都认为发掘工作必须继续，因为既然发现有文化层，就必然有遗址存在，如果一旦停止发掘，前期所有的努力都将白费，已调查发现的遗址也将被砖瓦厂摧毁。王海明主任将我们的意见向所领导进行了汇报，继续实施发掘的要求得到了同意。队员们冒着酷暑又投入了工作。

　　功夫不负有心人，几天后，遗址的文化堆积层终于出现了，大量的遗物陆续出土，积压在考古队员心中的焦虑被新发现的喜悦彻底扫清。由于在后来的发掘中发现原来布置的探方已经处于遗址边缘，遗址所留存的实际面积没有之前判断

图 1-3-13　跨湖桥遗址第二次发掘现场

的大，考古队放弃了文化层过于稀薄的东南部两个探方，转而向西部被砖瓦厂破坏一侧勉强扩出 7 米 ×10 米探方 2 个，发掘面积近 400 平方米。

此次发掘区的文化堆积层比第一次发掘区更加丰厚，出土了大量的陶器、石器、木器、骨角器以及稻谷颗粒等。

陶器 有彩陶、黑陶、灰陶等多个品种，包括夹砂陶、夹炭陶、夹蚌陶等质地种类，其文化面貌特征与第一次发掘出土的陶器完全一致。此次发掘的陶器数量较多，修复器有近 200 件。跨湖桥遗址独特的文化面貌渐渐变得清晰起来。

彩陶的数量比第一次发掘更为丰富，而且发现了一些修复率较高的器物，让研究者更加清晰地了解到跨湖桥遗址彩陶器的造型特征。

图 1-3-14　跨湖桥遗址第二次发掘出土大量的陶器

考古队将租用的砖瓦厂旧屋作为出土陶器整理现场，大量的陶片标本几乎堆满了房屋间的地面，图中右侧的编织袋里也装满了不同地层出土的陶片。

图 1-3-15 修复的陶器

1. 彩陶大罐

高 43 厘米, 肩腹部均有彩色纹样, 其中肩部有四个圆形锯齿边的图案, 形似太阳。

2. 彩陶双系釜

直口, 斜肩, 折腹, 圜底, 板状圆形双系。口沿、肩部均有彩绘与堆饰纹样, 因长期埋藏或烧制温度相对较低, 大部分彩已褪色模糊。在板状的系上堆饰有"田"字纹样。底部留有明显的火烧后熏黑的痕迹。此类器原定为罐, 但根据同类器物底部都有明显的火烧过的痕迹判断应该是釜。这种釜在其他史前文化中从未发现, 是跨湖桥遗址特有的器物。

3. 彩陶盘

由此残件可以看到, 由于胎体比较粗糙, 吸水率高, 因此要先在灰陶胎表面施一层白色的彩, 然后再绘制红色的图案, 这与后期有些瓷器胎先施化妆土再上釉的原理基本相同。

4. 黑陶罐

漆黑光亮的器表如同刷了黑漆。

5. 黑陶罐

十分精致，器壁薄且均匀，平均不足3毫米。器表非常光亮，口沿处饰有若干道弦纹，弦纹笔
直规整，据此推测当时已经有轮制成型或修整技术。

6. 陶钵

内壁的黑衣漆黑光亮，外壁的红彩则因长时间的埋
藏大多脱落。这件钵原本有着鲜红的外壁与黑亮的
内壁，是一件精美实用的餐具。

图 1-3-16　陶器（一）

黑陶大多是在灰陶胎上施一层黑衣，似乎含有结晶物，因而闪闪发光。有些器物的口沿饰有数道笔直而均匀的弦纹。钵、豆等餐具类器物的装饰十分讲究。钵一般在内壁加施一层光亮漆黑的陶衣，外壁饰以红彩。黑衣表面非常光滑，如同瓷器上的釉，便于用后清洗，符合卫生需求。而外表施以红彩，则是为了满足审美需求。

1. 陶钵

底部有一道锯齿形边饰，造型更显刚劲。胎体上隐约有弦坯痕，可能是轮制加工成型。

2. 黑陶豆

喇叭口，高圈足，上部如碗状，底沿外展。圈足上下均饰有两圈凸弦纹。表面漆黑光亮。史前时期的豆造型丰富，品种繁多，但此类形制的豆是跨湖桥遗址特有。

3. 黑陶豆

圈足残缺。

4. 高圈足陶盘

此盘的工艺特征与黑皮陶钵相同，盘内黑衣，盘外饰红彩。圈足部则与豆相同，也有数个镂孔，并刻划光芒四射的双线太阳纹。

图 1-3-17　陶器（二）

1.钵式碗

口径约 10 厘米。圜底，底部有火烧痕迹。

2.敞口弦纹陶钵

灰陶加红彩，器形较大。圜底，底部有火烧
痕迹。既可做餐具，又可直接用于煮食或加热。

3.敛口钵

圜底。这种敛口式钵适于盛装液体，不易
外溢。

4.红彩灰陶豆

圈足部有对称的双孔，还刻划有光芒四射的
双线太阳纹。除黑陶豆外，其他豆类器的圈
足上都有镂孔装饰和刻划纹样，在圈足上镂
孔是为了防止器物在焙烧时炸裂，可见当时
的窑工已经积累了丰富的制陶经验。

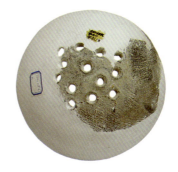

5.陶甑

饰绳纹。圆弧口沿，圜底，底部有若干个不规则分布的圆孔。甑是与釜组合起来使用的炊具，釜
置于下面，里边放要煮的食物或水，上边再摆上甑，釜中的食物煮熟时甑里面的食物也蒸熟了。

图 1-3-18 陶器（三）

图 1-3-19　陶釜

出土时装有植物根茎。有研究者认为是药材,也有说是茶叶,究竟为何至今尚无定论。

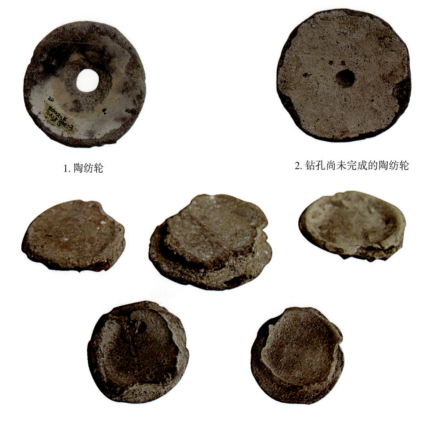

1. 陶纺轮　　　　　　　　　　　　2. 钻孔尚未完成的陶纺轮

3. 各种陶线轮

出土时一件线轮的凹槽中还残留着一根断线,让研究者明白了这种如硬币大小的陶器是绕线的线轮。

图 1-3-20　陶纺轮、陶线轮

陶纺轮出土的数量非常多，全部是由破碎陶器的陶片再加工而成。纺轮是一种纺线工具，在纺轮的孔中插入一根杆子，利用转动产生的离心力带动杆子连续旋转，就能将植物纤维或动物毛发纺成线。纺轮与线轮的大量出现，说明跨湖桥时期纺织工艺已经达到一定的成熟程度，且普及率比较高。观察纺轮的剖面，可以发现陶片表面都有一层"陶衣"，不仅使陶器更加美观，还可降低吸水率，从而在上面施彩绘画。

石器　出土的石器有锛、斧、锤、凿、镞等。所有的斧和锛均无钻孔，表面磨制精细，似乎进行过抛光处理。另外还有用砂岩石制成的磨石、磨棒和石磨盘。磨石是用于磨制石器的工具，而磨棒和石磨盘都是用于加工粮食谷物的工具。

石锛是史前时期最为重要的工具，单面刃，有手握式，也有装柄式，装柄式石锛的使用原理与当代的铁锄相同。跨湖桥遗址出土的石锛数量较多，类型也很丰富，且形态各异，几乎没有哪两个相同的。所有的石锛都取材于沉积岩，质地细腻坚硬，这种石质在跨湖桥遗址区域和整个萧山甚至周边地区均未发现，是采集于其他区域，还是与别的部落交易所得尚待研究。石锛磨制都十分精致，表面光滑，经过抛光处理。

石斧的数量不多，也是用沉积岩制成，除刃部外，其余部位未经磨制。石斧整体厚实，应该是一种手斧，所以手握的部位无须打磨，以免滑手，反而不利于操作。

石锤的数量仅次于石锛。锤，俗称榔头，是种敲砸的工具。石锤形制与石锛相似，也有可能是石锛刃部破损后再改为锤继续利用。

石凿形制与石锛相似，但体积要小一些，可直接握在手中使用。出土的石凿有不同规格，应有不同的使用功能，不知是否与当今的套装工具相似。

石刮削器很可能是当时人们用于剥兽皮的工具。

石镞包括柳叶形和三角形两大类。镞即箭头，是当时用于狩猎等的武器。

磨石是用于磨制加工其他质地器物的工具，用坚硬而粗糙的砂岩石制成，表面因长期磨制已经内凹成弧形。

1. 石锛

2. 石锛

3. 石锛

4. 石锛

5. 石锛

6. 石斧

7. 石锤

8. 石锤

图 1-3-21　石器（一）

1. 石凿
刃部已残损，是使用的
结果。

2. 石凿
体形纤细，但制作十分
精良，形同当代治印用
的刻刀。

3. 石凿
保存十分完整。

4. 石凿
形制比较独特，从背
部至腹部逐渐收缩。

5. 石刮削器
用坚硬的石料制成，
三角弧形，呈片状。
背面圆凸，另一面
则内凹，形成三个
刃面，较为锋利。

6. 短三角形石镞
非常完整，镞头尖而锋
利，腹部隆起，颇有杀
伤性。

7. 柳叶形石镞
镞身细长，具有较好的
穿透性。镞头略残，是
使用过且可以重复使用
的证据。

8. 长三角形石镞

图 1-3-22　石器（二）

1. 磨石 a

2. 磨石 b
此块磨石形似砚台，中间内凹形同"砚池"的部分其实是长期磨制加工其他石器的结果。

3. 磨石 c

图 1-3-23　磨石
磨石上的痕迹清楚地告诉我们跨湖桥遗址石器的加工情况，说明当时的人们已经熟练掌握了不同质地石料的物理性能。如磨石 a、b、c 虽然都是砂岩石，但石质由粗到细，应是先用磨石 a 粗磨，然后再用磨石 b、c 逐步细磨，最后再抛光。

木器　相较于 1990 年的第一次发掘，此次出土的木器品种十分丰富，有石锛木柄、长方形的木盘、疑为慢轮制陶用的砣形器以及大量的木锥等等。石锛木柄如同当今铁锄的木柄，将石锛捆绑在柄头部舌头处，与手执石锛相比能增加砍挖的力度。石锛柄在史前遗址中发现很少，而跨湖桥遗址石锛木柄比较丰富，有长短不一的数件，最长的超过 1 米，最短的仅有十几厘米。此外还发现了木镞。木镞与石镞一样是狩猎工具，一般史前遗址中发现的多为石镞，木镞非常少见。其中一件木质双尖器两端均为镞头，可能是加工完成后尚未从中间断开的木镞。

1

图片中间位置是件硬木制成的不明器物，长 40 余厘米，形似木桨，一端挖有
一簸箕状槽。左侧是件木锄，不需安装石锛，可直接用于挖凿。右下方有两件
石锛木柄，十分小巧。其他还有木矛和不明用途器物。

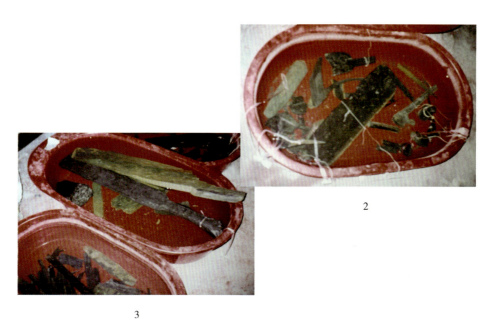

2

3

图 1-3-24　泡在水中的木器

1. 石锛木柄

2. 木盘

长约 40 厘米，似乎是件被对开的残缺的长形木盘。较完整的一头呈弧形，盘心内凹，边与头上翘，底部残留着长方形的盘足。可能是整个聚落举行公共祭祀活动时使用的承盘。

3. 木锥

也被认为是笄。跨湖桥遗址出土有大量的类似器物，其形状似钉子，但又是两头尖，推测为盘发用的笄也较为合理。

4. 木镞

长 10.2 厘米，硬木质地，锋部呈弧线形，铤部分段。形如收起的伞，做工十分精致。这种镞的形制非常罕见，在跨湖桥遗址类似的镞发现 4 件，但规格尺寸均不同。从尺寸比例上判断是镞，但形制上又似我们理解的"矛"或"枪"。这种镞与遗址出土的石质和骨角质的镞在使用功能上可能一致，在形制上却全然不同。

6. 木勺

虽是残件，但形制基本清晰。

7. 木勺

柄残。

5. 木柄形器

做工十分精致，形同当代铁锹的柄。尾部方便
手握，头部呈扁圆形，越到头部越薄，似刀刃。
此前推测此物是某件器物的一部分构件，抑或
是用于插地然后播种。但史前时期生产力落后，
农业起源也为时不长，仅仅为了播种做出这么
精致的农具不在情理之中。至今未能确定该木
器的功能用途，在其他史前遗址中也未发现类
似的器物。

8. 木勺形器

长柄，做工精致，形似勺子，前部残缺，后
部有半个方形凹槽，无法断定其用途。

9. 木桨形器

长约 1.2 米，出土时无法确定其用途，独木
舟出土后才明确是尚未制作完成的木桨。

图 1-3-25　木器

编织物 将植物切割成长扁形条后编织而成，编织的方法与现在编织席子完全一致。

图 1-3-26 编织物

残存呈 T 形，有专家推测是簸箕。可以清晰地看到编织十分规范，每一根编织条都切割的非常平直，是用何种工具加工的至今未知。

骨角器 所谓骨角器，是指人们利用动物的遗骨和角制作的器物。跨湖桥遗址发现的骨角器中有用动物遗骨制作的针、哨、匕、匙等生活用品，还有骨制的纺织工具及用鹿角制成的工具等，形制多样，其中骨耜最具典型性。骨哨应该是国内发现时代最早的乐器，距今 9000 余年的河南贾湖遗址就有骨哨出土。跨湖桥遗址的骨哨有单孔、三孔等不同的形制，应是出于吹奏不同音乐的需要。

其他 在发掘过程中还出土有菱角、桃核等植物标本，海洋与内河生物标本以及大量的动物遗骨。

在遗址的第二次发掘中共发现鹿、虎、犀等哺乳类动物，还有丹顶鹤、天鹅、鸭、鹰、雁等禽类和鱼类等 30 多种野生动物遗骨，说明跨湖桥人的食物来源非常丰富。而野生动物的豢养，则为人们食物来源的稳定性提供了重要保障，同时也为人类畜牧业的发展积累了经验。

跨湖桥遗址第二次发掘出土的众多遗物，大大丰富了研究资料，也使遗址独特的文化面貌更加清晰。然而，出土的遗物虽然很丰富，但一直没有发现稻谷遗存。王屹峰与我悄悄地说，河姆渡遗址有的器物种类跨湖桥遗址基本都有了，唯

1. 骨耜

用大型动物的肩胛骨制成，尾部将骨髓处掏空用于安装木柄。刃部较薄且平整，上端的孔是使用时尾部木柄用力的结果。从插柄孔的深处可见插破骨壁的透光点。

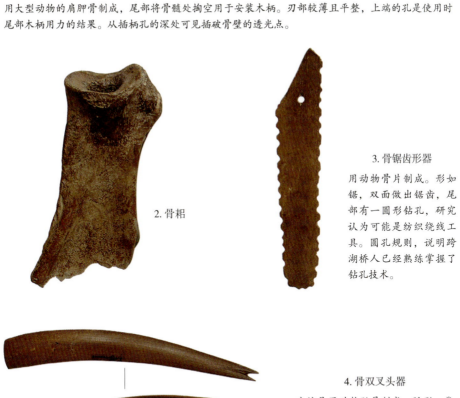

2. 骨耜

3. 骨锯齿形器

用动物骨片制成。形如锯，双面做出锯齿，尾部有一圆形钻孔，研究认为可能是纺织绕线工具。圆孔规则，说明跨湖桥人已经熟练掌握了钻孔技术。

4. 骨双叉头器

应该是用动物肋骨制成。弧形，背圆，内凹，头部开双叉尖头，研究认为是纺织工具。

图 1-3-27　骨角器（一）

1. 骨匕

即俗称的匕首。跨湖桥遗址的匕均是用动物遗骨制成，形制多样，是可戳、可割的多用途工具。

2. 骨锥

狩猎或切割的利器。骨锥与骨匕的形制虽不同（锥的尾部有握柄），但功能较为接近，锥更适合于戳。

3. 骨锥

4. 骨锥

带一孔，尾部虽残，但小孔非常完整。推测可以将骨锥用绳系在身上以便随时使用。

5. 骨锥

锥身为三角棱形，与扁平形的锥相比更具杀伤性。

6. 骨锥

扁平形。

7. 骨锥

鱼类骨头制成，坚硬而锋利。

8. 骨镖

用动物角的尖部加工而成，捕鱼工具。中下方有反向钩刺，可防止鱼儿逃脱。

9. 骨有孔镖

头部已残，中部有一钻孔，在钻孔处系上线，戳住鱼后可用线拉回，骨镖则可继续使用。与现在使用的金属鱼叉相比，两者相隔 8000 多年，原理却完全一致，跨湖桥人的聪明才智可见一斑。

10. 骨镞

用动物骨头磨制而成，镞头尖而锋利。骨镞与木镞在史前遗址中都比较少见。

图 1-3-28　骨角器（二）

1. 骨镞

2. 骨坠

形似镞而头部圆弧，通体抛光，十分精致，应该是装饰用的挂件。

3. 骨哨

长约 6 厘米。孔的两侧有五道刻划痕，不知是符号还是本打算继续挖孔。这种骨哨是用大型禽类的腿骨制成，形制与河姆渡遗址的骨哨相似。

4. 三孔骨哨

略长于单孔骨哨。

5. 骨柄状复合器

形制酷似手柄，经抛光处理，光亮如漆。这件器物非常独特，是用两根骨头组合起来的复合器，其一骨髓孔处安插了另一根骨头，非常稳固，这种现象在其他史前遗址中未发现过。

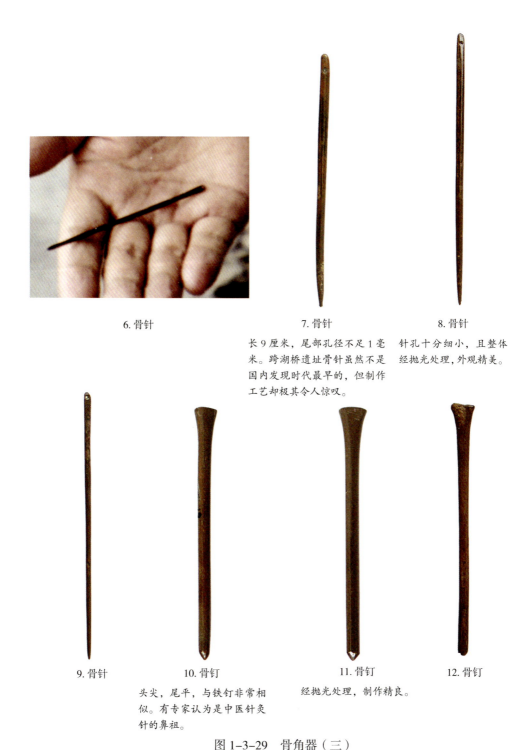

6. 骨针

7. 骨针

长9厘米，尾部孔径不足1毫米。跨湖桥遗址骨针虽然不是国内发现时代最早的，但制作工艺却极其令人惊叹。

8. 骨针

针孔十分细小，且整体经抛光处理，外观精美。

9. 骨针

10. 骨钉

头尖，尾平，与铁钉非常相似。有专家认为是中医针灸针的鼻祖。

11. 骨钉

经抛光处理，制作精良。

12. 骨钉

图 1-3-29　骨角器（三）

1.骨匙

将动物骨头对半分开，利用自然的凹槽
与弯角磨制成，精巧而实用，是非常理
想的餐具。

2.骨刀

用动物骨片制成。背面平直，刃面较为锋利，
尖头，尾部为手柄。手柄前端有一个针眼
大小的圆形钻孔，似乎可穿线挂于身上。

3.骨制不明器

长尖柄，身扁而宽，形似匙，又似扇子，
柄的下方尖细。用途不明。

5.鹿角器

头、尾残缺，未见穿孔，刻划有数个类似
汉字数字的符号。有专家推测这些符号与
祭祀活动相关，甚至与后来的八卦图有渊
源关系。

4.穿孔鹿角器

长圆弯曲形状，尾部钻一孔，刻有若干"一"
字形、"三"字形符号。

图 1-3-30　骨角器（四）

1. 龟甲

8000 年前的乌龟壳完整呈现在面前不禁让人惊讶万分，当时人们并没有将龟甲分解，是否将龟当作宠物在饲养呢？

2. 梅花鹿头骨

跨湖桥遗址中发现的鹿角非常多，而带头骨的仅两件。经中国社会科学院袁靖先生鉴定为梅花鹿。

3. 梅花鹿头骨

4. 梅花鹿角

5. 水牛头骨

仅凭遗骨尚无法判定水牛是否为家养，但从早期到中后期数量增多这一现象来看，家养水牛的可能性是存在的。

图 1-3-31　动物遗骨（一）

1. 水牛下颌骨

2. 水牛下颌骨

3. 狗头骨

把凶狠的狼驯化成家养的狗是人类文明进程中非常值得称道的。跨湖桥遗址发现的狗虽然不是最早的家养狗，但囿于交通的不便，与其他文化之间的交流受限，跨湖桥狗的驯养是否是相对独立发展的创举呢？

4. 猪下颌骨

此件猪的下颌骨具有明显的人工饲养痕迹，猪的牙齿挤压错位，是圈养后下颌骨由长变短导致的。这是南中国地区迄今发现的年代最早的家养猪。

图 1-3-32　动物遗骨（二）

独稻谷没有发现，不免有些遗憾。直到发掘工作进入收尾阶段，在已经邀请新闻媒体现场采访后的第二天，考古人员挖掉探方间的隔梁进行清理时，在一件较完整的陶罐底部发现了若干稻米颗粒。这令考古人员欣喜万分。若遗址的年代确认不成问题，且这些稻谷颗粒经检测后能确定是人工栽培的，那么它就是当时国内发现最早的人工栽培水稻了，比河姆渡文化遗址的水稻还要早 1000 年。

为了彻底弄清遗址的年代，我跟蒋乐平先生达成一致意见，将此次出土的 6 件标本分别送往北京大学和中国社会科学院考古研究所，再次进行 ^{14}C 年代测定。令人欣喜的是，经树轮校正，遗址的年代数据均在距今 8000 ~ 7000 年，与 1990 年第一次发掘所测定的年代数据一致，跨湖桥遗址的年代再一次被科学手

1. 盛装稻米的陶罐   2. 稻米颗粒

图 1-3-33 盛装稻米的陶罐

段所证实。面对 ^{14}C 年代测定的结果，加上考古资料进一步丰富，浙江省内原本持否定态度的专家们对遗址的年代与文化类型予以了重新审定。他们肯定了遗址的年代，也基本确认了遗址独特的文化类型，并且认为已经初步具备了"跨湖桥文化"命名的条件。

3. 第三次发掘

在 2001 年度第二次发掘区的东北面还有 300 多平方米的遗址存在。鉴于砖瓦厂还在遗址的周边取土，且厂方多次催促考古工作尽快结束，2002 年 10 月，浙江省文物考古研究所与萧山博物馆决定对跨湖桥遗址进行第三次考古发掘。省考古所蒋乐平、郑云飞、郑建明和萧山博物馆朱倩等组成了联合考古队，蒋乐平继续担任领队。郑云飞先生是做农业考古研究的博士，请他加入考古队是为了加强农业考古领域的研究。多学科研究的介入是遗址第三次发掘新的要求与理念，目的是为了获取更多的考古信息。

在 2002 年 3 月第一次跨湖桥遗址考古学术研讨会之后，我们的注意力主要集中在发现跨湖桥同类型的文化遗址上，大规模的考古调查已经于 2002 年 6 月在萧山境内展开。尽管此次发掘区域面积不大，但是我们在具体工作上却更加严肃认真，宁可发掘时间长一点，也要把工作做得更仔细些。

图 1-3-34　第三次发掘前，砖瓦厂取土的大坑已积水成湖泊

时隔一年多，图中下方的第二次发掘区已被杂草覆盖，几乎要被湖水淹没。

图 1-3-35　对第二次发掘区重新清理，同时设法降低水位

远处湖水边的小屋是水泵房，必须每天抽水，否则雨水或地下水很快就
会将遗址淹没。

图 1-3-36　挖掘排水沟

第二次发掘区被逐渐清理出来后又挖出几条排水沟，使雨水能及时流向低处。

图 1-3-37　第三次发掘现场远景（东—西）

发掘区的东、西、北三面都已经被砖瓦厂取土挖成深坑。

图 1-3-38　第三次发掘现场（东南—西北）

图片左边为第二次发掘区，右上为第三次发掘区。

图 1-3-39　第三次发掘现场（东南—西北）

图 1-3-40　第三次发掘现场（西北—东南）

此次发掘共布 10 米 ×10 米探方 4 个、7.8 米 ×7 米探方 1 个，历时两个月，实际发掘面积约 350 平方米。

对于这次扫尾性质的发掘，考古队本不抱有很大的期望，然而此次发掘区的文化堆积与第二次发掘区同样深厚，出土了骨器、木器、石器、陶器等遗物以及大量的动植物标本。

骨器新发现了形似梭子、瓢匙的器物以及带刻划装饰的鹿角器。木器的形制更为丰富，有些功能可以确定，如与干栏式建筑相关的独木阶梯（残）、猪耳形瓢及多种规格的石锛木柄等，但还有更多的无法确定，如哑铃状器、双头尖状器、两端带槽额的条形器等。从形态特征上看，一些不知名的器物可能与纺织活动有关。一种类似于笄的木器上还发现有细线刻划装饰，其中一件刻有"二八二八"上下呈重叠状的字样，可能是种特殊的符号。石器中磨石类的器物比前两次发掘出土更多，不仅又出土了一批石磨盘，还有一定数量的棒形、龟背形磨石器。陶器在地层中的分布与 2001 年发掘情况一致，彩陶、方格（菱形）拍印纹陶以及精致光亮的黑陶等都有发现，可复原的陶器有百余件，进一步丰富了跨湖桥类型

1. 复原的陶器

2. 形似哑铃的木器

长约 15 厘米，中间隐约有一周凹槽。这种木器之前在史前遗址中从未发现，有专家认为是与纺织相关的器物。

3. 带有木杆撑骨的编织物

编织物的颜色鲜黄，但接触阳光、空气后很快就转为深色。编织方法与第二次发掘出土的编织物一致，而此件面积更大，且呈折叠状，功能尚无法断定。

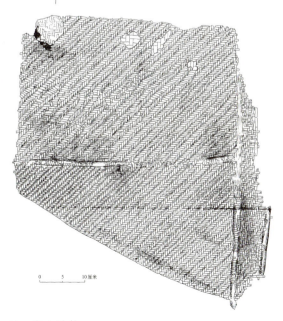

图 1-3-41 出土遗物

图 1-3-42　郑建明（左）、王屹峰（右）仔细筛选稻米颗粒和细小遗物

陶器的器形。此外还发现一件以纵横木条撑骨的苇草类编织物残件，比第二次发掘出土的编织物面积更大，整幅尺寸约 55 厘米 × 40 厘米，与当今江南地区篾类编织物的编织手法一致。

　　由于 2001 年第二次发掘时已经发现了稻谷颗粒，因此本次发掘特别注重对稻谷等细小遗物的寻找。在郑云飞博士的主导下，考古队员们对遗址中的泥土进行了仔细的筛选淘洗，发现许多稻谷颗粒，后经检测确认为人工栽培的水稻。

　　更令人惊喜的是，此次发掘还发现了一条独木舟及相关遗迹。独木舟及相关遗迹都在⑨C层下，具体位置在编号为 T0512 和 T0513 的两个探方内。

　　在发掘过程中，独木舟正好被 T0512、T0513 两个探方东西向的隔梁叠压，只露出东南面的舟舷，看上去是一条长长的木板。11 月上旬，我陪同复旦大学文博系的刘朝晖博士到发掘现场考察。当我看到沿着隔梁一条长长的木板时，便问领队蒋乐平先生："这是什么？"蒋先生回答："还不清楚这是什么东西。"我随即说了句："这会不会是条独木舟？"蒋先生露出期待的笑容说道："要是独木舟就好了！"虽然我只是猜测，但并不是信口胡说，因为1990年电大的学生郑苗就曾经对我说起，他在上初中时曾在跨湖桥看到过一条独木舟。如果郑苗所见不误，那么不会仅仅只有一条。此外，2001年第二次发掘时曾出土一件形状如木桨的器物，虽然比较粗大，但也有可能是尚未加工完成的木桨（见图1-3-25：9）。话虽如此，但这毕竟只是考古工作者的一种期待。事实上，考古工作者对考古工地无论重大还是细微的发现都怀有特殊的期待心理，希望有新的发现，有意外的收获，这也是考古工作的乐趣所在。没过几天，在工地参加发掘的朱倩兴致勃勃地来告诉我："施老师，那条木板果然是条独木舟。"我立即赶到发掘现场，只见舟头一端已露出，舟身则还被两条隔梁压着。

图1-3-43　清理独木舟上面的泥土

1. 舟头露出隔梁

独木舟刚发现时被呈转角形的隔梁压着，不能确定是一条
还是两条。

2. 独木舟（东北—西南）

舟的一端已经被砖瓦厂齐刷刷地挖掉
了，周边散落着许多木构件和木材。

3. 腐朽的木桨

独木舟西北侧有一块 2 米多长的木板，
木板外侧放着一片已经腐朽的木桨。

4. 木桨

在独木舟东南面发现，柄上凿有一个
非常规整的长方形孔，推测可以系绳
将木桨拴在独木舟上防止落入水中。
这是遗址中发现最为完整的木桨，形
制与当代船桨十分接近，很可能是使
用中的木桨。

图 1-3-44　独木舟及木桨

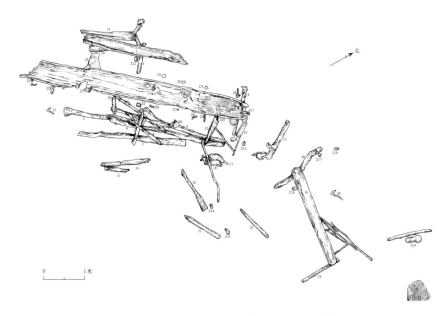

图 1-3-45　独木舟及相关遗迹 [1]

　　独木舟的东北端保存基本完整，西南端则被砖瓦厂取土时毁坏。舟残长 5.6 米，宽 0.52 米，舟身壁厚 2.5 ~ 3 厘米。舟头上翘，比舟身窄。舟身两侧并列插着若干木桩，基本呈等距离排列，舟底部架有三根横木，表明独木舟是被摆放在这些木桩和横木支架上的。独木舟东南侧堆放着许多与独木舟平行的木料与木板，其中两根带树皮的木料明显是由一根原木剖凿而成。舟体两侧还发现两件可以使用的木桨和数件石锛柄、石锛、石器崩片和磨石。值得注意的是，地面上布满了鲜黄色的木屑。这些遗物和遗迹应该与独木舟有关，但其功能性质一时无法定论。

　　在独木舟及相关遗迹发现后不久，武汉理工大学教授、中国船史研究专家席龙飞先生专程前来跨湖桥遗址考古工地考察。席教授看了独木舟后兴奋之情溢于言表，他认定跨湖桥遗址独木舟是当时国内发现时代最早的独木舟，对研究

[1]　转自浙江省文物考古研究所、萧山博物馆：《跨湖桥》，图三二，文物出版社，2004 年。

中国舟船史与交通史具有重要的意义。席教授认为中华文明的形成有三大源头，即黄河文明、长江文明和海洋文明。他曾经在著作《中国造船史》[1]中讲到，河姆渡遗址出土的木桨功能已经十分完善，还雕刻有若干纹饰，有桨必有舟，且应该是先有舟后有桨，所以中国独木舟的历史至少还要往前推 1000 年。而跨湖桥遗址的年代恰恰要比河姆渡遗址早约 1000 年，这一独木舟的发现验证了席教授的推断。

独木舟这种有机质文物能够得以相对完好的留存，得益于古湘湖良好的保存条件。独木舟及相关遗迹的重新面世，毫无疑问是跨湖桥遗址考古发掘以来最重大的发现。

第四节　下孙遗址的发现与发掘

（一）遗址的发现

跨湖桥遗址第二次考古发掘出土了丰富的遗物，业内专家学者对遗址独特文化类型的认识越来越清晰，浙江省内的考古专家对遗址的年代也有了比较一致的判断，并且提议争取"跨湖桥文化"的命名。2002 年 3 月，在萧山举办了第一次"跨湖桥遗址考古成果学术研讨会"。来自全国各地的专家学者们对遗址新颖的面貌感到十分惊讶，也对遗址的年代提出了质疑。与会专家肯定了跨湖桥遗址作为一种独特的文化类型是一个崭新的发现，但跨湖桥只是一个孤立的遗址，根据考古学文化命名的惯例，在对遗址的分布范围、来龙去脉等调查清楚之前，命名"跨湖桥文化"的条件不够成熟，必须再找到一个与跨湖桥遗址同时代、同文化类型的遗址才能正式命名文化。因此，寻找跨湖桥同类型的文化遗址是我们必须要做的工作。此外，为了全面揭开跨湖桥文化类型的面貌，也必须对遗址进行更深入的调查与研究。下孙遗址的考古调查与发掘就是在这样的前提下展开的。

---

[1]　席龙飞：《中国造船史》，湖北教育出版社，2000 年。

史前文化遗址的发现大多数都是偶然的，或者是基本建设施工发现，或者是工厂作业发现，又或者是农民劳作发现，要主动寻找远古时期的遗址是非常困难的。而寻找跨湖桥同类型的遗址难度更大，因为若与跨湖桥遗址处在同一个地层面，则都深埋在数米的地下。如果不是砖瓦厂取土深挖，跨湖桥遗址一直以来都被湘湖覆盖着，恐怕很难被发现。

2002 年 5 月，萧山博物馆制定了对跨湖桥同类型遗址进行调查的计划。考古调查不同于考古发掘，不受"领队资格"限制，萧山博物馆完全有能力自主行事。但考虑到跨湖桥遗址两次的考古发掘都是由浙江省文物考古研究所主持，研究工作必须一以贯之才更加科学合理，因此我们主动邀请省考古所蒋乐平先生参与并主持此次调查，此举得到了省考古所所长曹锦炎先生的大力支持。6 月上旬起，由浙江省文物考古研究所与萧山博物馆联合组队，在湘湖境内的风情大道工地、越王城山南麓、原城厢砖瓦厂厂区等尚未被砖瓦厂取土挖掘的区域，以及所前孔湖、蜀山街道等地进行了为期一年的大规模考古调查，甚至在跨湖桥遗址第三次考古发掘时也未曾中断。由于跨湖桥遗址所处的高度在海拔 –1 米以下，而调查区域的高度都在海拔五六米以上，如果用人工挖掘调查，其土方量巨大，需要耗费极大的财力与人力。当时湘湖区域的风情大道正在赶工建设，那也是我们计划调查的范围，因为必须在道路铺设完成前结束调查，时间非常紧迫，所以调查组采取了用挖掘机挖去表土的办法，明显加快了进度。有些调查区域一直挖到十余米深，直到出现生土或岩石层为止。但是，大半年下来，除了在古湘湖区域的边缘发现了极少量的新石器晚期遗存外，始终未见到跨湖桥遗址同类型的遗存。疲惫与焦虑像层层乌云笼罩在调查队员的心头。

2003 年 5 月 10 日，调查工作正处在迷惘之机，调查队员根据杭州铁路公务段职工倪航祥先生提供的线索，在距跨湖桥遗址约 2 千米的下孙自然村附近找到了一处史前遗址的文化堆积层。堆积层位于一处已停产的湘湖砖瓦厂取土坑东南边缘的湖岸，现场可见零星的绳纹陶片与石器，文化特征与跨湖桥遗址非常相似。艰辛的考古调查终于迎来了一线曙光。

图 1-4-1　下孙自然村附近的史前时期文化堆积层

左侧湘湖砖瓦厂取土形成的大型深坑随着雨水的灌入和地下水的渗透已成为湖泊，岸边的坡地也是取土所形成的。

图 1-4-2　发现零星的史前时期陶片

图中右二的郑建明拿着瓜子般大小的陶片向我展示，兴奋之情溢于言表。

图 1-4-3　发现的石器

为了弄清该文化堆积层是否属于真正意义上的遗址，是否与跨湖桥遗址类型相同，省考古所与萧山博物馆决定对靠近湖岸边的文化堆积层先进行小范围试掘。试掘从 2003 年 6 月开始，历时一个月，揭露面积近 70 平方米，不仅探明了文化堆积层，出土了一些陶片、石器等，还发现了数个密度较大的灰坑和柱洞。试掘结果表明这是一处史前遗址无疑，且从遗址上方的剖面能清晰地看到叠压着的与跨湖桥遗址完全相同的海相沉积和湖相沉积。

由于遗址地处下湘湖区域，西北面为湘湖村的下孙自然村，故将此遗址定名为下孙遗址。

为确定遗址年代，考古人员将出土的遗物标本送往北京大学和中国社会科学院考古研究所进行 ^{14}C 年代测定，其结果均为距今约 8000 年，与跨湖桥遗址的年代上限一致。下孙遗址出土陶器的文化特征也与跨湖桥遗址类型基本相同。也就是说，下孙遗址的年代与文化特征均与跨湖桥遗址具有一致性。

下孙遗址从 20 世纪 60 年代末开始遭受湘湖砖瓦厂（后改名为萧山砖瓦厂）的破坏，大部分遗址被毁，经过钻探调查，所保存的遗址还有约 5000 平方米。

图 1-4-4　湖岸边的下孙遗址文化堆积层（东—西）

图 1-4-5　下孙遗址试掘的剖面

海相沉积与湖相沉积的痕迹层次分明，上部已被扰乱。

图 1-4-6　下孙遗址试掘探沟内发现的灰坑与柱洞（北—南）

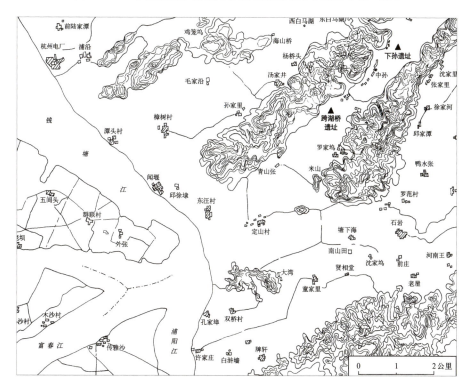

图 1-4-7　下孙遗址与跨湖桥遗址地理位置图

（二）遗址的发掘

由于下孙遗址处于当时萧山区相关部门"西水东引"工程的规划路线上，所以必须进行抢救性考古发掘。所谓的"西水东引"工程是要在钱塘江与富春江和浦阳江汇合处引入水源，开辟水渠以东西向直线横穿古湘湖，把清洁的水源送往萧山东部地区。当时萧山区文物部门与湘湖建设部门对"西水东引"工程通过湘湖区域都持强烈的反对意见。一方面"西水东引"是以河道的形式由西向东横穿湘湖区域，与湘湖恢复的规划相冲突。另一方面，文物部门调查发现的下孙遗址正处于"西水东引"河道横穿的范围，工程必然要对遗址造成破坏。

抢救性发掘方案在报请国家文物局后很快得到批复（"西水东引"工程从湘湖穿越的方案后来被取消），浙江省文物考古研究所蒋乐平、郑建明、杨卫和萧山博物馆朱倩、王兴海、崔太金等组成联合考古队，蒋乐平任领队。发掘工作从 2003 年 11 月开始，至 2004 年 1 月结束。计划发掘面积 500 平方米，共布 10 米 × 10 米

图 1-4-8　下孙遗址发掘现场（东—西）

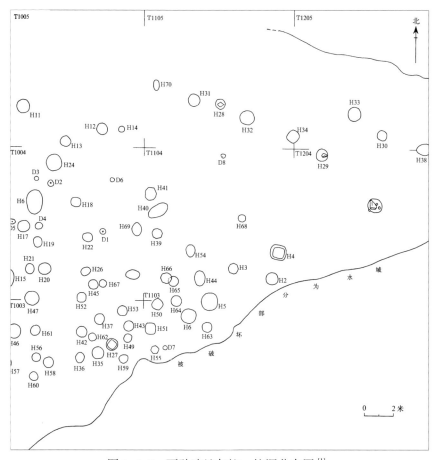

图 1-4-9 下孙遗址灰坑、柱洞分布图[1]

探方 5 个，在与之前试掘的区域连通后，实际发掘面积约 550 平方米。出土遗物包括石器、陶器、骨器等，还发现了稻谷颗粒、菱角等植物遗存。考古人员再次将下孙遗址出土的两件木质标本送往中国社会科学院考古研究所进行 ^{14}C 年代测定，结果仍然是距今约 8000 年。

下孙遗址的文化层堆积非常薄，仅十余厘米，但在 500 多平方米范围内发现了分布较为密集的灰坑与柱洞，数量有 60 余个，几乎布满整个遗址的发掘面，其功能与性质非常值得研究。

---

[1] 引自浙江省文物考古研究所、萧山博物馆：《跨湖桥》，图一八三，文物出版社，2004 年。

陶器与跨湖桥遗址出土的质地一致，包括夹炭、泥质夹炭、夹砂与夹蚌四种，
每类胎质都含碳素成分。器形有釜、甑、罐、盆、盘、钵、支座、线轮、里手及
少量无法定名的。其中釜的类型与数量最多，有7种以上类型，约70件标本。
其次是盘，分两大类型，共28件标本。再次是盆，有17件标本。罐有4种类型，
8件标本。其他依次有里手5件，甑4件，钵3件，线轮3件，支座1件，不名
器2件。这些陶器的文化特征与跨湖桥遗址的完全一致。下孙遗址的陶器破损程
度很大，多数仅剩口沿部分，修复率非常低，相对完整的陶器基本不见，这与跨
湖桥遗址第二、三次发掘的情况明显不同。

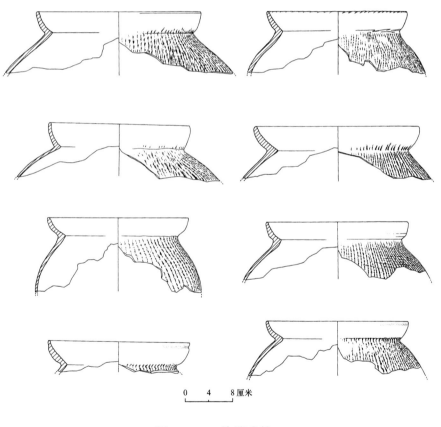

0　　4　　8厘米

图 1-4-10　陶器残件

1. 陶支座

高 15 厘米。形制与跨湖桥遗址
的陶支座完全一致，只是表面
显得较为粗糙。

2. 陶里手

3. 陶里手

形制与跨湖桥遗址的陶里手完全一致。

4. 绳纹陶釜

5. 陶盆

口径 23 厘米，是件较大型的器皿。

图 1-4-11　陶器

1. 石斧

扁圆形，需绑在木柄上使用。斧
的刃口因反复使用已呈圆弧状。

2. 石斧

高11厘米，宽4.5厘米，厚
2.9厘米。此石斧可直接手握
使用，也称"手斧"。

3. 石锛

用沉积岩制成，石头纹理
十分清晰。

4. 石锛

 ——

5. 疑似"砂轮"残件及复原实验

图 1-4-12　石器

石器有 21 件，有少量完整器。其中锛最多，有 10 件，斧有 4 件，其余还有凿、锤、镞等。此外还有一件圆形的石器残件，形制非常独特，厚约 8 厘米，残存的最宽处近 20 厘米，砂岩石制成，虽仅剩约 1/3，仍十分厚重，外沿磨得很光滑，两壁平整无任何磨痕。此石器残件在跨湖桥遗址未曾发现，在浙江其他史前遗址也没有发现过，其用途与功能不明。

下孙遗址还发现 3 件动物遗骨制成的锥形器以及少量的木柱残件。动物遗骨只有少量的水牛、狗、猪骨，还有鲤、黄颡鱼、锯缘青蟹和数量较多的鱼类脊骨、鳍棘、肋骨及鳃盖骨等水生动物遗骨。

（三）发掘的意义

由于下孙遗址的文物堆

1.稻米

2.菱角

图 1-4-13 植物遗存

积层比较薄，因此出土文物的数量与跨湖桥遗址二、三次发掘相比明显偏少。尽管如此，考古人员还是在下孙遗址发现了一些非常有意义的现象。

因为寻找更确切的海侵导致遗址被废弃的证据是下孙遗址发掘时的重点之一，而下孙遗址西北面覆盖的淤泥保存相对完好，所以在发掘中考古人员对淤泥层进行了解剖分析，清晰地反映了海相沉积与湖相沉积的关系。在经历潮水冲击后，陆地变成了海滩，随着海平面继续上升，潮水不断入侵，潮涨潮落，逐渐形成了层层叠压的海相沉积。海相沉积厚约1米，其中又以平均1厘米左右的厚度层层叠压，形状如同毛毯一般，显得十分平整而均匀，说明当时的海平面明显高于现在，也说明当时的气候远比现在要温暖。此外，在泥土叠压覆盖的最底层，即遗址上面，有一层非常均匀的黄黄的细沙，夹杂着许多已经发白的海洋贝壳类碎屑。

图 1-4-14　下孙遗址上叠压的海相沉积与湖相沉积

上部的湖相沉积属古湘湖时期的沉积，也称"沉积泥"，细腻纯净，
是制作砖瓦、雕塑模型的良材。下部为密密麻麻、层层叠压的海相沉积。

图 1-4-15　下孙遗址上层

下孙遗址上层被潮水夷为平地，覆盖着一层黄沙，仿佛海边的沙滩。远处塑料布盖着隔梁显露着层次分明的海相沉积与湖相沉积。

　　在下孙遗址中发现了许多与海洋相关的生物，包括长牡蛎、近江牡蛎、中国绿螂、缢蛏、船蛆、薄壳星藤壶等。因为下孙遗址的文化层比较薄，这些海洋生物几乎都夹杂在文化层中，一些发白的船蛆、薄壳星藤壶就直接吸附在遗址的木桩上。

　　在遗址上部的黄沙层上方叠压着厚达数米的淤泥，淤泥中包含着大量的淡水或海水硅藻类，约有数十种。根据硅藻组成的特点，三个土层大约可分为四个硅藻带。

　　A 带：相当于第①土层，深 0 ~ 20 厘米。以淡水栖息环境的硅藻为主，占硅藻总数的 88%，海水性的硅藻仅占 12%。

　　B 带：深 20 ~ 120 厘米，相当于第②土层 A 层及 B 层上面的小部分。这两个层带以海水性的硅藻为主，占硅藻总数的 88%，淡水性的硅藻约占 12%。

1. 木柱上的船蛆

2. 陶里手上的藤壶

3. 吸附在石块上的藤壶

4. 遗址第④层出土的蛏子

图 1-4-16　海洋生物遗存

　　C 带：深 120 ～ 300 厘米，与第②土层 B 层相当。以海水性的硅藻为主，占硅藻类总数的 83.4％，淡水性的硅藻占 16.6％。

　　D 带：在 300 厘米以下，相当于第③土层，也就是最底部遗址的文化层。没有发现任何硅藻。

　　近海海洋生物、疑似海滩的黄沙痕迹以及各个层带中包含的淡水硅藻类和海水硅藻类，明确地告诉我们下孙遗址文化层上部曾经是近海海滩和潮水不断侵蚀的区域，是全新世在全球范围内海平面上升现象的实物证据，表明我国在距今 7000 ～ 5000 年确实存在着比现在更高的海平面。在海平面远远低于现在时，跨湖桥遗址和下孙遗址西面的钱塘江定然是条流水非常畅通的小河，其顺着西高东低的地势流向大海，而随着海平面的不断上升，甚至于海水倒灌，海水与淡水相互碰撞，相互交融，在距今 7000 ~ 5000 年的漫长岁月里，把整个钱塘江流域演化成大片大片的汪洋泽国[1]。下孙遗址被海水侵蚀后即遭废弃，遗址文化层的上部成了海底或沙滩。从下孙遗址上叠压的硅藻类成分可以看出，早期淹掉遗址的应该是海水夹杂着淡水，即倒灌的海水与被挤回来的淡水一起涌向遗址区域，因此，淡水性的硅藻所占的比重相对较高（83.4%），随着海平面不断上升，海水性硅藻类的比重明显增加（88%）。到了后期，随着海平面逐渐下降，海水性的硅藻类明显减少（12%），整个湘湖区域包括跨湖桥遗址和下孙遗址在内的范围基本被淡水所占据，成为大片的湖泊，抑或称为钱塘江的泻湖。

在跨湖桥遗址前两次的发掘中，由于尚未意识到遗址被废弃的原因这一重要课题，虽然在遗址的堆积层中也发现了海侵的迹象，但没有发现像下孙遗址一样的"滨海沙滩"，也没有发现吸附在文物上的船蛆、藤壶以及蛏子等海洋生物，因此没有引起重视。而且砖瓦厂大范围的取土已经使大量的覆土消失，因此虽然对遗址的消失可能是遭受海侵所致有基本的判断，但是证据不够全面完整。而下孙遗址保存了较为完好的覆盖土层，因此发现了非常明确的海相沉积与湖相沉积。将下孙遗址上部所呈现的海侵迹象与跨湖桥遗址保存下来的局部遗址文化层以及文化层上方残存的土层堆积进行比较，可以发现两者如出一辙。这说明跨湖桥遗址和下孙遗址是在距今约 7000 年前的同一时期被海侵所淹没。两个遗址区乃至整个湘湖区域在此后的岁月里几无人类居住痕迹，开垦为农田却又因为三面环山一面临江而常遭江水淹没，选择筑湖是因势利导的最佳选择。

中国社会科学院考古研究所对下孙遗址的两件木质标本进行了 ^{14}C 年代测定，显示下孙遗址的年代距今约 8000 年，单纯从数据上看相当于跨湖桥遗址早期。但有专家认为，从陶器型式及遗址的堆积特征综合考量，将下孙遗址的年代定在跨湖桥遗址晚期较为恰当：首先，两处遗址位置、海拔相近，又因为同一次

---

[1]　时下钱塘江的部分段落因潮进潮退，仍不时会出现江水含盐量过高的状况。

海侵而遭毁弃，年代下限应该是一致的。其次，下孙遗址地层堆积较薄，但分布密集的灰坑几乎无打破关系，可见是共存的遗迹，因此遗址延续的时间不会很长。再次，跨湖桥遗址最富早期特征的陶器未见于下孙遗址，而下孙遗址有些陶器的型式与跨湖桥遗址偏晚期的比较接近。综上所述，下孙遗址的年代应该在跨湖桥文化类型中属于较晚时期，也就是海侵来临之前不久。

这一结论似乎有一定的道理，譬如两处遗址遭受海侵的时间与遗址年代的下限应该是一致的，但 ^{14}C 年代测定的结果怎会相差千年？是选送的标本由于长时间在海水中浸泡对测定结果产生了干扰，抑或跨湖桥遗址第二、三次发掘区原本就是受海侵冲击所形成的次生堆积呢？在下孙遗址目前已被湘湖水淹没的情况下，想再找出合适的标本去做年代测定已经不可能了，其确切的年代难道会成为一个永远的悬案了吗？

第五节　跨湖桥遗址与下孙遗址的关系

下孙遗址与跨湖桥遗址直线距离约 2 千米，两处遗址均因遭海侵而被废弃。下孙遗址的文化面貌和年代均与跨湖桥遗址基本相同，但在内涵上表现出不同的个性特征，遭受海侵破坏的结果也有所不同。

（一）共同点

地理环境　跨湖桥遗址和下孙遗址都处于海拔 −1 米以下，均因海侵而被毁弃，遗址上部以潮间带、潮上带为特征的海相沉积完全一致。两地相距仅 2 千米左右，因此必然有着密切的联系，下孙遗址很可能是当时跨湖桥人生活的拓展、延伸区域，抑或是当时聚落区之外具有特殊功能的区域。因大部分遗址区已经被多家砖瓦厂取土破坏，下孙遗址的性质，或者说下孙遗址与跨湖桥遗址的关系恐怕很难明确了。但从下孙遗址大量柱洞的发现，不排除有建筑存在的可能性。

经济形态　下孙遗址发现了与跨湖桥遗址相同的经栽培的稻米，说明稻作农业已经产生。但两处遗址中发现的稻米数量都比较稀少，说明稻谷还只是当时人们食物的适当补充。灰坑中发现的哺乳动物骨骸以及牡蛎、菱角等，则反映出渔猎、采集仍是当时人们重要的经济生活来源。因此，下孙遗址的经济发展状态与跨湖桥遗址是一致的。

器物面貌　以陶器来看：一是陶质、陶色方面。陶质均为夹砂、夹炭和泥性夹炭三类，且都含有明显的碳素成分。陶器外表都存在黑光陶、外饰红衣内施黑光陶衣等特征。二是制作工艺方面。都表现出胎体匀薄等特征，陶釜底部愈薄。釜、罐类深腹器内壁都有浅窝状垫痕，肩颈部都存在套接痕迹。纹饰特征基本一致，以绳纹为主，另外还有相同的刻划纹、米粒状的戳印纹以及弦纹、镂空装饰等。三是器形方面。均不见三足器，而以圜底、圈足、平底为主要形态，基本组合为釜、罐、盘、钵。下孙的 A、B 型釜与跨湖桥 B、C 型釜为相互对应存在，形式几无差别。下孙 C 型釜领沿外侧置对称舌形錾及领沿竖、敛的形式与跨湖桥 E 型釜相同，未带錾的与跨湖桥 G 型釜一致。跨湖桥遗址出土的甑底部有孔及内底残存白色黏结物的特征同样见于下孙遗址出土的甑。下孙 A 型罐与跨湖桥 Ea 型罐、下孙 B 型罐与跨湖桥 B 型罐、下孙 A 型盘与跨湖桥 A 型圈足盘形式也基本一致。此外，两遗址出土的截面呈方体的支座形态一致；下孙遗址的蘑菇状制陶工具——陶里手在跨湖桥遗址也有出土；两处遗址均发现非常特殊的"线轮"和以拍印作为装饰的印纹陶器。以石器来看：下孙遗址石器以沉积岩、砂岩为主的质料和以锛、斧、磨石为主的工具组合也与跨湖桥遗址相同。

（二）两者的不同点

第一，跨湖桥遗址的文化堆积层相对比较厚，部分区域厚度大于 1.5 米（当然第二、三期的发掘区可能存在次生堆积的问题），因此遗址的年代跨度也很大，上限距今约 8000 年，下限距今约 7000 年。而下孙遗址的文化层堆积仅约 10 厘米，从这一现象上看，下孙遗址人类活动的时间似乎明显比跨湖桥遗址短暂。这是两者从表面看最为明显的不同点，是客观情况如此，还是外力影响所致，需要深入研究。第二，跨湖桥遗址第二、三次发掘出土的陶器特别丰富，品种多样，而下孙遗址的陶器与跨湖桥遗址第一次发掘情况相似，可复原的器物明显偏少。下孙遗址的陶釜所占比例比跨湖桥遗址要高出 22％，其他陶器的器形也有较大的区别。下孙遗址陶器的外观比跨湖桥遗址的要差，陶衣褪色严重，不见彩陶，这是极为特殊的现象，有专家认为是保存环境不同造成的。第三，跨湖桥遗址出土了许多骨、角、木器等，而下孙遗址却极少发现。第四，下孙遗址发现了分布十分密集、数量也较多的灰坑与柱洞，但未见跨湖桥遗址带"井"字形木栏的橡子储存坑之类的遗存。此外，下孙遗址分布有大量特别采来的经敲砸过的砂岩石块和带摩擦痕的块石，尤其一件用砂岩石制成的圆形磨石残件十分罕见，这件石器后被浙江大学地球物理系教授柳志青先生认定为早期的"砂轮"。仔细观察这件"砂轮"，可以发现其外沿被磨得非常光滑，而两侧的平面则没有任何磨光的痕迹，与当代的砂轮特征非常相似。

综上所述，下孙遗址虽然遭受了海潮的严重冲击和后来的人为破坏，文化堆积层比较稀薄，出土遗物也不如跨湖桥遗址丰富，但其文化面貌与时代特征与跨湖桥遗址基本一致，二者属同一类型无疑，这为我们了解跨湖桥类型遗址大概的分布情况提供了重要的依据。此外，下孙遗址的功能性质与跨湖桥遗址有明显的区别，更加丰富了此类遗址的文化内涵，为我们深入了解跨湖桥文化提供了新的资料。下孙遗址上方保存完好的海侵迹象，让我们掌握了跨湖桥遗址和下孙遗址被海侵后遭毁弃的确凿证据。与跨湖桥遗址相比，下孙遗址遭受海侵所产生的不同结果，为跨湖桥遗址第二、三次发掘区的性质再认识提供了重要的旁证。最具意义的是，下孙遗址作为跨湖桥遗址同类型文化遗址的发现，为"跨湖桥文化"的命名提供了可靠的依据。

第二章 遗址的性质

如果把整个跨湖桥遗址以一个聚落去考虑的话，那么发现若干处建筑遗迹的第一次发掘区是否就是当时的居住区呢？除此之外，是否还有墓葬区、公共活动区呢？对于同一聚落遗址区内发现的遗址，我们必然要对其性质进行探索与研究。

第一节　遗址性质问题的提出

在发现独木舟和相关遗迹的喜悦之余，有一个疑问始终在我的脑海里盘旋，那就是跨湖桥遗址的第二、三次发掘区域内没有发现其他具有典型意义的遗迹。

2001 年的第二次发掘区只在遗址第⑨层，距离第三次发掘发现的独木舟遗迹西南约 10 米处发现一个树桩。树桩的直径约 30 厘米，高度不到 40 厘米，根部还深深扎在泥土中，显然是被砍掉后留下的树根。树桩的两侧横架着两块木板，仿佛是供人就座的凳子。除了树桩与两块木板之外，这次发掘没有发现其他遗迹。而遗址的文化堆积层厚度大于 1 米，出土的文物也极其丰富。为何有如此多的遗物堆在这里？这个区块究竟是什么性质？

2002 年第三次发掘结束后，除了独木舟及相关遗迹和"湖岸"痕迹外，清理出的全部都是遗物，没有发现后期人类活动的叠压或打破关系的遗迹。也就是说，遗址上层堆积是清一色的跨湖桥遗址类型遗物。

跨湖桥遗址第二、三次发掘区是紧挨在一起的，文化堆积层厚度都大于 1 米，出土的遗物非常丰富，陶器、石器、木器、骨角器都大量发现。陶器的修复率很高，复原器近 400 件，且部分陶器本身就比较完整。而相对完整的石器、骨角器和木器也非常多。此外还有小孩头盖骨、稻米颗粒等特殊遗物被发现。由于这片遗址只有少量遗迹却有大量遗物，专家对其性质产生了诸多猜测。

图2-1-1 跨湖桥遗址第二次发掘出土的树桩与木板 若不是被厚厚的泥土长期挤压，木板定然呈挺直状。

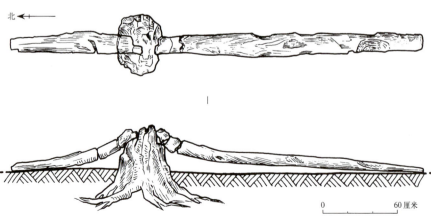

北←

0　　　　60厘米

根据独木舟及相关遗迹所处"湖岸边"的情况，有专家把这处发掘地称为"垃圾坑"或者大型灰坑。称之"垃圾坑"，是因为其他史前遗址也存在将废弃物倒入河湖边的现象，且现今有些地方的人们还是习惯把废弃的物品倾倒到河边，认为这是数千年传承的做法。"灰坑"是遗迹的一种，主要呈灰色，或夹杂其他因有机物分解形成的颜色（如褐色），土质较同一地点的其他土要软，主要由废弃

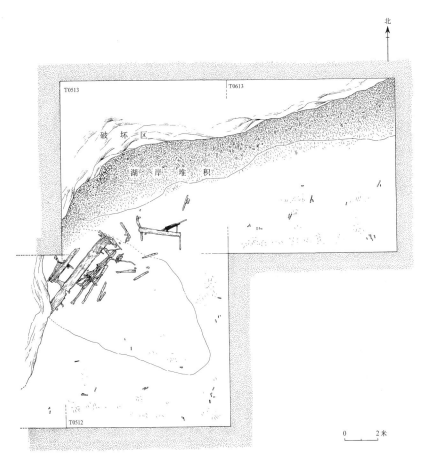

图 2-1-2　独木舟及相关遗迹周边环境图 [1]

西北面是砖瓦厂取土破坏区域，独木舟及相关遗迹位于"湖岸堆积"的西南侧湖泊边缘。

[1]　转自浙江省文物考古研究所、萧山博物馆：《跨湖桥》，图三一，文物出版社，2004 年。

的水井、窖穴等形成。灰坑有可能是垃圾坑，也有可能是储物坑(或窖藏)，还有可能是祭祀坑。灰坑有自然坑和人造坑之分，自然坑是指利用自然形成的泥坑来做垃圾坑、储物坑、祭祀坑，而人造的坑则是人为挖的坑。有些灰坑的包含物较之建筑遗迹、墓葬都更为丰富，保留了很多当时人们有意或无意留下的物品，如陶器等。若说是"灰坑"，两次发掘区的面积有600多平方米，规模何其之大？尤其当独木舟及相关遗迹展现在我们面前时，"灰坑"一说更无立足之地了。

2001年5～7月和2002年10～12月跨湖桥遗址的第二、第三发掘区是紧密相连的，这两次发掘的探方已经处于遗址的边缘。原遗址的中心应该在发掘区的西面，所以越往东南面，文化堆积层就越稀薄。而原遗址的中心区域，除了1990年第一次发掘区外，其余部分均被砖瓦厂取土时破坏，遗址大部分的地层关系已经不复存在。此外第二、三次发掘区与第一次发掘区间隔数十米，出现了长距离的断层。

《跨湖桥》考古报告中采取分编亚层的方法，选择探方T4010和T0510北壁剖面及T0510、T0511、T0512、T0513东壁剖面介绍了地层堆积情况，现摘录如下：

(一)T0410、T0510北壁剖面

第①层：淤土，包含少量现代人类活动遗物。已遭砖瓦厂取土破坏，参考邻近地层作假设性复原，厚约20厘米。

第②A层：厚度约335～435厘米，残厚1～200厘米。层理状平行堆积，含细沙纯净青灰土，海相沉积。

第②B层：厚20～30厘米。纯净青灰色淤土。沼泽相沉积。

第③层：厚1～10厘米。土色褐灰，略黏。西端被破坏，包含物多为碎木屑。覆盖整个发掘区，由西向东略倾斜，趋于消失。

第④层：厚1～25厘米。西端被破坏。出土较多的陶器、石器、骨器及动植物残骸。向东倾斜、消失。

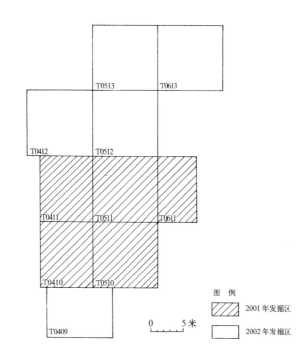

图 2-1-3　跨湖桥遗址第二、三次发掘区探方图[1]

第⑤A层：厚1～25厘米。土色黑，沙性，有机物丰富，西头被破坏，向东倾斜、消失。出土陶器、石器、骨器及动植物残骸。

第⑤B层：厚1～15厘米。土色浅黑，稍黏。分布东部边缘。出土陶器、石器、骨器及动植物残骸。

第⑥A层：厚1～24厘米。土色棕褐，较松软，沙性。向东倾斜、消失。出土陶器、石器、骨器、木器及动植物残骸。

第⑦A层：厚1～25厘米。土色灰黑，杂橡子壳。出土陶器、石器、骨器、木器、动物头骨及鹿角较多。向东倾斜、消失。

第⑧A层：厚1～28厘米。黑褐色土。分布于中部，出土陶器、石器、骨器、木器及动植物残骸。

[1]　转自浙江省文物考古研究所、萧山博物馆：《跨湖桥》，图一二，文物出版社，2004年。

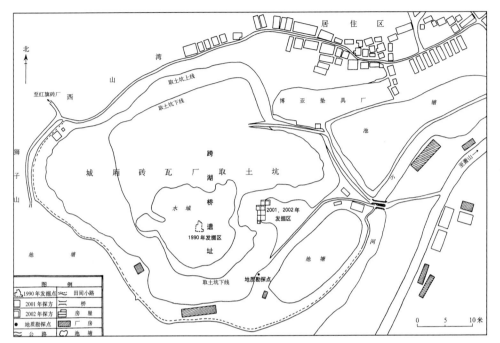

图 2-1-4　跨湖桥遗址三次发掘区分布图[1]

1990 年第一次发掘区在第二、三次发掘区的西偏南方向，遗址往西数千米即为钱塘江。

第⑨A层：厚 1～9 厘米。灰褐色土，质松。分布于西部，向东倾斜、消失。陶片稀少，层中夹有由西向东倾斜分布的草木灰。

以下为湖相沉积。

湖Ⅲ层：厚 10～30 厘米。土色浅灰，略黏。出土陶器、石器、木器。数量较少。发现较多的龟壳。

湖Ⅳ层：厚 10～45 厘米。深灰色，陶片及动植物残骸稀少，出土木板及篾编簸箕等特殊物品。

湖Ⅴ层：厚 30～200 厘米（钻探获得）。为纯净的湖相沉积，包含少量的有机质。

以下为含铁质的淡黄色生土，生土面从西向东变深。

---

[1] 转自浙江省文物考古研究所、萧山博物馆：《跨湖桥》，图六，文物出版社，2004 年。

（二）T0510、T0511、T0512、T0513 东壁剖面

第①层：表土，包含少量现代人类活动遗物。已遭砖瓦厂取土破坏，参考临近地层作假设性复原，厚约 20 厘米。

第②A 层：厚度约 345～445 厘米，残厚 1～280 厘米。海相沉积，堆积呈层理状，纯净青灰土，含细沙。

第②B 层：厚 20～30 厘米。纯净青灰色淤土。沼泽相沉积。

第③层：厚 1～10 厘米。土色青灰，夹杂褐斑，略黏。西端被破坏，包含物多为碎木屑。覆盖整个发掘区，由北向南倾斜，南端消失。

第④层：厚 1～30 厘米。北端被破坏，向南倾斜、消失。出土陶器、石器、骨器及动植物残骸。

第⑤C 层：厚 1～15 厘米。土色黑，结构松散，含木屑、炭粒、石块。出土陶器、石器、骨器及动植物遗骸。发现可拼合的陶釜在原地破碎现象。

第⑥B 层：厚 1～30 厘米。土色浅棕色，分布于中南部。含碎木、橡子、石块。出土骨器、木器、陶器。并发现小孩头骨残块。

第⑥B 层、⑦层下发现草木灰、烧土面遗迹。

第⑧C 层：厚 1～12 厘米。灰绿色淤土，含大量的动物肋骨、脊椎骨、龟壳、木片碎屑和红烧土，出土陶器、石器、骨器、木器。

第⑨C 层：厚 1～20 厘米。灰褐色土，质松，含有较多的橡子壳、动物肢骨、鹿角、烧过的树根、木屑等，分布于北部。出土骨器、木器、石器、陶器。

以下为湖相沉积。

湖Ⅲ层：厚 1～40 厘米。土色灰黑，向南变浅灰，略黏。出土陶器、石器、骨器、木器，数量由北向南逐渐减少，趋于消失。

湖Ⅳ层：厚 1～45 厘米。北端隆突，向南倾斜，土质黏，北端土色黑褐，有机质丰富，土色向南变淡，南部已呈比较纯净的深灰色。陶器、石器、骨器、木器等遗物集中在北部，南部稀少。

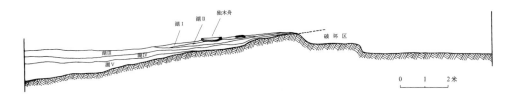

图 2-1-5　跨湖桥遗址湖岸堆积剖面图[1]

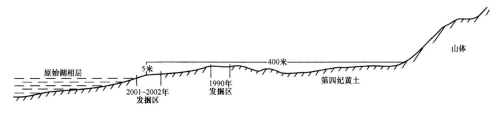

图 2-1-6　跨湖桥遗址地貌复原示意图[2]

　　湖V层：厚1～230厘米。为纯净的湖相沉积，包含少量的有机质。

　　以下为含铁质的淡黄色生土。生土面从北向南变深，北端处在湖岸位置。

　　上述对遗址剖面层理情况的疏理，说明了以下几个问题。

　　首先，遗址的地形是由西北向东南倾斜的。如跨湖桥遗址湖岸堆积剖面图和遗址地貌复原示意图所示，遗址的西北面虽然已被砖瓦厂取土破坏，但地层西北高、东南低的落差仍然非常明显。《跨湖桥》报告中对遗址的地层说明也指明了这一事实："地层序列分晚更新世宁波组，全新世河姆渡组，全新世镇海组三个连续阶段。18～26层为晚期更新世地层，其顶界面的铁质风化壳向西、北逐渐抬升，在遗址的中心位置与文化层直接叠压。"[3]

　　这说明跨湖桥人把相对高的台地作为生活的中心区，跨湖桥遗址第一次

[1]　转自浙江省文物考古研究所、萧山博物馆：《跨湖桥》，图三〇，文物出版社，2004年。

[2]　转自蒋乐平：《跨湖桥文化研究》，科学出版社，2014年。

[3]　浙江省文物考古研究所、萧山博物馆：《跨湖桥》，第17页，文物出版社，2004年。

发掘区就在这个范围，遗址内发现的建筑遗迹也证明了这一点。而跨湖桥第二、第三次发掘区因地势相对低落，又处于"湖岸边"，应是当时人们生活的外围边缘地带。

其次，第二、三次发掘区的东南部是一处低洼地带，常年积水，形成天然的水域，即所谓的"湖泊"或者"河流"。而独木舟及相关遗迹所处的位置是介于湖泊与湖岸之间的滩涂。湖泊的东南面可能都是低洼的湿地，再向东南面则是背阴的山体，所以除了独木舟及相关遗迹之外，只在第⑦层和第⑧层发现一些草木灰和红烧土等零星的人类活动痕迹。

据统计，第二、三次发掘除了出土上万件陶片和大量的动物遗骨、碎石、木料块外，还发现非常多完整的石器、骨角器、木器，可复原的陶器有 300 余件，其中有些还比较完整，这在史前遗址中十分难得。出土的几枚骨针不仅完好如初，且光亮如新。还有完整的匕、匙、哨、双尖器、复合器等骨器。完整的石锛木柄从小到大有五六件，似乎是成套的。此外还有柄形器、镞、锥、双尖器、镖、钉形器、叉形器、长方形盘等木质遗物，大量的釜、锛、凿等石器和基本完整的陶纺轮、陶线轮等等。在这些遗物中，完整器占有不小的比例，从面貌上观察很多都是可以使用的。此外还发现了小孩的头盖骨和几根成人的手臂骨。在一件比较完整的陶釜内发现了一些稻米颗粒，经郑云飞博士鉴定，基本为经过人工驯化栽培的水稻。

1. 圈足陶盆

2. 双系陶釜

图 2-1-7　跨湖桥遗址第二、三次发掘出土遗物（一）

1. 陶钵

2. 敛口圈足陶罐

3. 双系陶罐

4. 石锛

5. 石凿

6. 石锤

7. 磨石

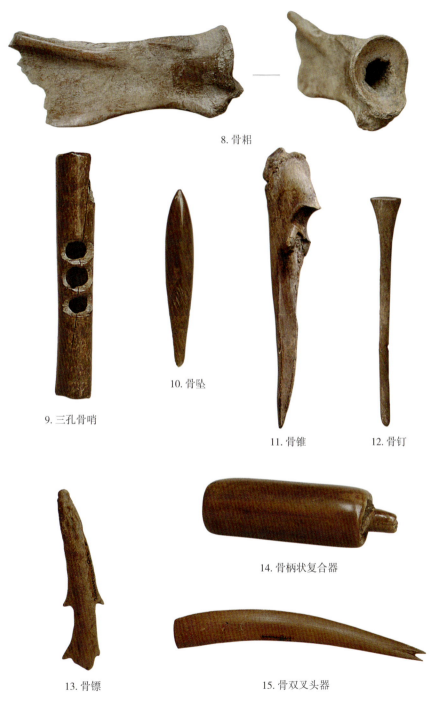

8. 骨耜

10. 骨坠

9. 三孔骨哨

11. 骨锥　　　12. 骨钉

14. 骨柄状复合器

13. 骨镖

15. 骨双叉头器

图 2-1-8　跨湖桥遗址第二、三次发掘出土遗物（二）

1. 木质双尖器

虽然杆子变形，但保存基本完整。两个镞头连在一根长度不足 15 厘米的杆子上，是目前史前文化遗址中仅见之物。

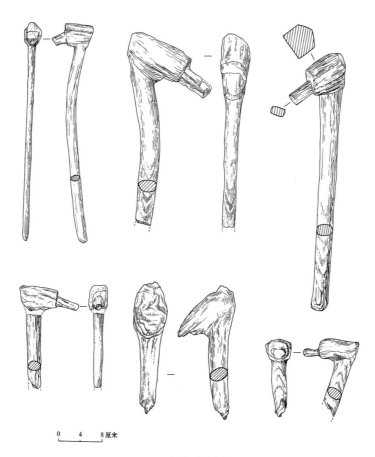

0　　4　　8厘米

2. 各类石锛木柄

图 2-1-9　跨湖桥遗址第二、三次发掘出土遗物（三）

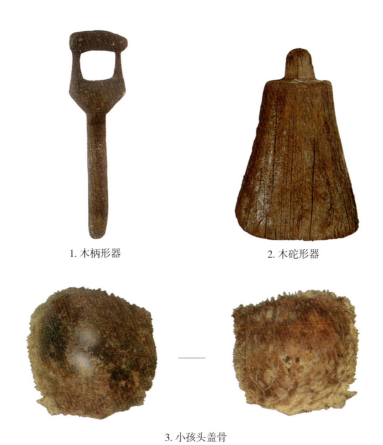

1. 木柄形器　　　　　　　　　　　2. 木砣形器

3. 小孩头盖骨

图 2-1-10　跨湖桥遗址第二、三次发掘出土遗物（四）

在远古的跨湖桥时期，经济生活应该还较为原始，人们为何要把尚可使用的物品作为垃圾扔掉呢？何况在遗址的底部还有独木舟及相关遗迹存在。所以这里绝不会是一处生活垃圾坑。

第二节　遗址性质的初步认识

那么，跨湖桥遗址的第二、三次发掘区究竟是什么性质呢？独木舟及相关遗迹处于发掘区的第⑨层，接近遗址的最底层。独木舟两侧竖插着两排木桩，舟底部横架着三根木头。舟的东北部发现一件木质锛柄，东南面有一块方形的磨石。舟两侧散落摆放着两片木桨和劈开的木料。地面上散落着一层颜色鲜黄的木屑，仿佛刚从木料上锯下来。在独木舟东南约3米，还发现了禾科类编织物，且颜色鲜黄。以上迹象表明，这里可能是一处工场作坊性质的遗迹，很可能在整个遗址被海水淹没之前还在运作。

根据遗址的地形和其作为聚落区的功能分析，我们不妨做一个大胆的推测，即遗址的第二次与第三次发掘区的大部分堆积属于次生堆积，是海水入侵后将遗址西北面地势较高的生活区的物品冲向了地势较低的区域而形成的。

首先，第二、三次发掘区域位于遗址东南面的低洼地带，而与之相对的西北面的第一次发掘区地势较高，并发现几处建筑遗迹。根据砖瓦厂的工人讲述，他们在取土施工时曾在遗址区的西北面发现过"大型的柱子状木头"和"鹅卵石铺的路"。综上分析，当时人们生活居住的中心区域应在第一次发掘区及周边区域，整个遗址的范围约30000平方米，可能是一处原始的聚落。第一次发掘区是生活区，但在330多平方米的范围内只发现了可编号的遗物130余件，与后两次发掘出土遗物的数量相差甚远。大量可继续使用的遗物堆积在"湖岸边"，并且叠压在不可能是被废弃的独木舟及相关遗迹之上，而不是遗留在生活居住区，完全不符合逻辑。

其次，第二、三次发掘区处于聚落的边缘，应该是当时人们驾舟出行、捕

图2-2-1 独木舟东
　侧发现的编织物

图 2-2-2　钱塘江及杭州湾遥感影像图 [1]

白色箭头所指为遗址区。遗址区西北面为钱塘江，连接杭州湾。图片中下方有一条萧山与绍兴相隔的曹娥江。在清乾隆年间以前，遗址紧靠西北面的山体外即为钱塘江出海口，萧山北部区域都是滩涂形成的沙地。

鱼的出发地，往东南是大片的低洼湿地，不适宜人类活动。湿地再往东南则至柴岭山山麓，考古调查时挖到十余米深也没有发现任何遗迹。

再次，跨湖桥遗址距西面的钱塘江不足 3 千米，是历史上水患多发地区。钱塘江是一条由西向东的大江，外接杭州湾流向东海。杭州湾与钱塘江呈喇叭口地形，在月球引力的作用下形成举世闻名的潮涌。萧山地处杭州湾与钱塘江喇叭形的底部，是钱江潮进入最高峰的地段。萧山的历史，几乎就是一部与钱塘江潮水抗争的历史。跨湖桥遗址西北部虽然有山体阻挡，但在距山体西北面山麓几千米处有一条由西向东横贯萧山的北海塘。清乾隆年间以前，北海塘外还是钱塘江滩，后因泥沙淤积，钱塘江才完全由西北面出海 [2]，逐渐形成现在的地貌

---

[1]　转自浙江省文物考古研究所、萧山博物馆：《跨湖桥》，彩版一，文物出版社，2004 年。

[2]　《民国萧山县志稿》。

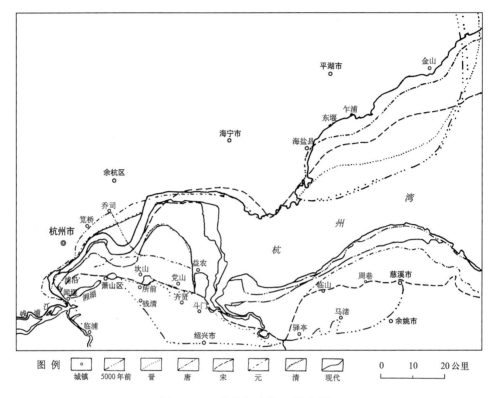

图 2-2-3　钱塘江出海口演变图

约 5000 年前海侵的高峰已经结束，海平面与 7000 年前相比已有所下降。但萧山的东北部至宁波的余姚、慈溪一带仍被杭州湾所覆盖。如图所示，跨湖桥遗址濒临钱塘江，而下孙遗址北面的城山山脉缺口处几乎直面杭州湾。

形势。在末次冰期海平面低于现在数十米的境况下，由西部山区向东部平原径流的钱塘江可能还只是一条细小的河流，但可以一路畅流入海。当末次冰期结束，地球气温转暖，海平面逐渐抬升，影响河水畅流，终使河面渐宽，拓展成江。

可以想象，7000 多年前，当海平面上升到一定高度时，终于形成了陈桥驿先生所说"卷转虫海侵"，汹涌的大潮不仅阻断了东流的钱塘江水去路，还把江水往回推，出现严重倒灌。先期遭遇潮水的应该是跨湖桥遗址区的西北部，即濒临钱塘江的方向。潮水从遗址的北面入侵，经北部山脉东西两侧的缺口侵入遗址区的东南面。当汹涌的潮水突然入侵时，跨湖桥人只能远逃，任由潮水

图 2-2-4　汹涌的钱塘江大潮

图 2-2-5　钱塘江大潮冲击堤岸掀起的巨大浪潮

洗劫家园，大量的生活用品与生产工具被潮水由地势较高的遗址中心地带顺势冲向地势低洼的聚落边缘。整个聚落从此被废弃。

虽然跨湖桥遗址的废弃是海浸所致，但最初淹掉遗址的却是来自内陆的淡水，即海潮顶回的东去的江水。所以遗址最底部的文化层堆积全是湖相沉积，厚1～400厘米。之后海平面继续上升，海水入侵，又形成海相沉积。

当然，以上推断尚需更深入的研究才能得出较为准确的结论。譬如在遗址堆积层中按层次取出标本进行年代测定，彻底弄清遗址地层年代关系。如果地层的年代关系是由下而上、由早期到晚期的顺序排列，说明这一推断还需重新斟酌。如果地层的年代关系能够证明此处是因海侵冲击而形成的次生堆积，那么跨湖桥遗址第二、三次发掘区的地层关系也要重新审视了。

第三节　下孙遗址提供的新信息

下孙遗址的发现，为跨湖桥遗址第二、三次发掘区可能存在的"次生堆积"提供了新的依据。

第一，下孙遗址虽然堆积层很薄，但遗迹面积比跨湖桥第二、三次发掘区要大得多，因此其作为遗址的概念更为明确。

第二，下孙遗址发现了大量的柱洞、灰坑遗迹和数量超过跨湖桥遗址的煮炊器——陶釜，以及稻谷颗粒、菱角等植物遗存，说明下孙遗址与跨湖桥遗址第一次发掘区的性质基本相同，应该也是当时人们的生活居住区。下孙遗址与跨湖桥遗址都是遭海侵而被废弃，无任何后期的扰乱，遗址之上均覆盖着几无杂质的厚厚的淤泥，但遗址出土的数量众多的陶釜基本都是口沿至肩部的残件，这些陶釜缺损的部分去哪里了呢？根据为下孙遗址的发现提供线索的倪航祥先生所述，砖瓦厂在下孙遗址西南面取土时曾发现大量的陶器和其他遗物。因此，下孙遗址的西南面是否也曾有与跨湖桥遗址第二、三次发掘区相似的数量众多的次生堆积呢？

第三，下孙遗址陶器的面貌与跨湖桥遗址相比显得粗糙不堪。相同的时代，相同的文化类型，又是相近的区域，两者为何会存在如此大的差异？

第四，下孙遗址陶器的复原率非常低，骨、木类遗物也几乎不见，但完整的可继续使用的石器却为数不少。是否因为石器沉重，而骨、木器等则被轻易地冲走了呢？

第五，下孙遗址文化层上部的潮上带与潮间带所形成的如"沙滩"的面貌，以及木柱子上遗留船蛆、陶里手和石块上吸附藤壶等海洋生物的现象，在跨湖桥遗址都没发现，这也是两处遗址明显的不同之处。

综上所述，就跨湖桥遗址与下孙遗址呈现的特殊面貌成因，分析如下：

从遗址的地理环境看，跨湖桥遗址第一次发掘区位于第二、三次发掘区的西面，下孙遗址则位于跨湖桥遗址第二、三次发掘区东北面约 2 千米处。三处遗址发掘区呈"品"字形排列，西北面有城山山脉呈西南至东北走向阻挡，山体北部不远处在清代初期尚为钱塘江。跨湖桥遗址第一次发掘区更靠近西面的钱塘江，最易受到钱塘江潮水的冲击。下孙遗址位于城山山脉东北部的缺口附近，处在海潮入侵的最前沿。7000 年前海侵到来时，潮水直接涌入下孙遗址，形成巨大的冲击力，大量的地面设施和遗物被冲走，遗址上的文化堆积层也被层层冲掉。因此下孙遗址只保留了早期无法冲走的部分遗迹，留存下来的遗物数量相对较少。残留下来的碎陶片也因长期被进退不断的海潮冲刷与浸泡而变得非常粗糙，与跨湖桥遗址的陶器形成非常大的差异。遗物上残留的船蛆、藤壶等海洋生物和遗址表面的"沙滩"现象也说明了这一过程。

跨湖桥遗址第一次发掘区在下孙遗址的西南面，距离钱塘江更近。大潮来临时，向东径流的江水被汹涌西进的海潮推挤，大量的江水夹杂着海水回流，跨湖桥遗址第一次发掘区更有可能是被从西南面涌入的钱塘江水冲毁的。由于迂回涌入的潮水冲击力不像下孙遗址北面直接冲入的潮水那么猛烈，因而遗址的文化堆积层基本保留下来，地面上的设施和大量的物品则被冲向东南面地势相对低洼的跨湖桥遗址第二、三次发掘区，淹埋了独木舟及相关遗迹。由

于在较短时期内形成了厚厚的堆积，潮水又夹杂着大量的泥土将遗址覆盖起来，使其处在相对密闭的状态中，所以跨湖桥遗址未形成下孙遗址的"沙滩"现象，也无船蛆、藤壶等海洋生物发现。也因如此，像独木舟之类的大型木质文物和纺线、编织物、植物标本、稻米颗粒等有机质遗物得以完好地保存下来。

第四节　初步结论

综上分析，跨湖桥遗址及下孙遗址的性质基本清晰了：跨湖桥遗址的第一次发掘区和下孙遗址都是当时的生活居住地，而跨湖桥遗址第二、三次发掘区原本只是一个设在"湖岸边"的与独木舟相关的作坊遗迹，是聚落遗址的边缘区域。

跨湖桥遗址第一次发掘区发现的几处建筑遗迹地势相对较高，适宜居住生活，出土的完整器物很少是钱塘江潮水冲击造成的。下孙遗址发现的密集型的柱洞与灰坑应该是与建筑有关的遗迹，大量的陶釜残件和稻米颗粒等说明此处与居住生活有关。下孙遗址遭受凶猛海潮的直接冲击，破坏程度远比跨湖桥遗址第一次发掘区要大，潮水不仅冲毁了遗址地面的设施，冲走了大量的遗物，还冲走了遗址晚期的文化堆积层。随着海平面高度的相对稳定，下孙遗址区域变成了近海的海滩。潮起潮落，让残留的陶片变得粗糙不堪，即便有彩陶，表面的彩也都剥落了。而下孙遗址被冲走的遗物已被砖瓦厂取土破坏，只有跨湖桥遗址第二、三次发掘区作为遗留的次生堆积被考古发现。

第三章　遗　迹

　　跨湖桥文化遗迹主要包括跨湖桥遗址遗迹和下孙遗址遗迹。跨湖桥遗址主要有独木舟及相关遗迹、建筑遗迹、橡子窖藏遗迹、柱坑灰坑遗迹等。下孙遗址的遗迹主要是灰坑与柱坑。从遗迹分布的情况可以基本区分几次发掘区的不同功能性质。跨湖桥遗址第一次发掘点所发现的遗迹主要包括建筑遗迹、橡子窖藏、灰坑等，由此推断是居住性质的区域；第二、三次的发掘区位于"湖泊"沿岸，除独木舟及相关遗迹外几无其他发现。下孙遗址在550平方米的发掘区内密布着60多个灰坑与柱洞，可能是与建筑相关的遗迹。此外，下孙遗址尚有4000多平方米范围未经发掘，功能性质不明。

第一节　独木舟及相关遗迹

　　从严格意义上讲独木舟属于可移动文物，只能算是遗物，但我们将独木舟及相关遗迹与"湖岸边"等迹象结合在一起就地保护，保持了它的整体性，因此作为遗迹进行研究。独木舟及相关遗迹于2002年11月跨湖桥遗址第三次发掘时发现，位置在T0512、T0513的两个探方内。在发掘的前期，独木舟正好被T0512、T0513两个探方东西向和南北向呈90度直角的隔梁叠压，露出东南面的舟舷，只能看到一条长长的木板。待遗址发掘到第⑨C层，在隔梁东北侧的独木舟头部暴露出来，位于东西向隔梁南面的独木舟舟身也被揭露出来。因当时南北向的隔梁尚未打掉，舟的一端露出约1米，而西南面的舟身长度约2米，所以独木舟究竟是一条还是两条一时无法确定。当时的新闻媒体，包括浙江电视台和中央电视台都报道"跨湖桥遗址发现了两条独木舟"，直到东西向和南北向的隔梁被清理完，才确定这是一条独木舟。

　　独木舟呈东北—西南向摆放，基本上与当时的"湖堤"呈相同走向。独木舟

图 3-1-1　独木舟及相关遗迹

是用整棵马尾松加工而成，残长 5.6 米，宽 0.53 米，舟体平均厚度 2～3 厘米。东北侧舟的头部基本完整，舟头上翘，从舟身向舟头逐步收窄，舟头宽约 29 厘米。西南端舟的另一头已经被砖瓦厂取土时毁坏。舟体的弧收面及底部的上翘面十分光洁，内外加工的痕迹不太明显，但舟头附近和离舟头约 1 米处有两片较大的黑炭面，东南侧舷内发现大片的黑色烧焦面，西北侧舷内也有一块面积稍小的黑焦面。根据这些黑色烧焦面分析，独木舟应当是借"火焦法"挖凿加工而成。即在不需要挖凿的部位封上湿泥，用火将舟身内部的木头烧焦，再用石锛等工具将烧成木炭的部分挖去，这样不断反复，达到理想的厚度时再将舟体整平、磨光，进行细部加工。独木舟舟体有许多开裂痕，明显变形，原本应该更加上翘的舟头和舟舷都有些下塌，舟身如同一块木板般平整，应该是舟体长期被厚厚的泥土和大量遗物重压所致。

　　由于我们对独木舟实施了就地保护，所以外舷和底部的制作情况无法明确，但从舟体面目、舟头内舷侧等部位的加工精致程度来看，外舷和底部的加工不会过于粗糙。让人惊讶的是，这条七八千年前的独木舟，制作精细程度竟然要比扬州出土的唐代独木舟和在温州博物馆陈列的宋代独木舟都还要高。这样精致的独木舟，工艺已经非常成熟，绝对不是处于发明不久的初创阶段，因此我国独木舟的起源年代可能还要往前推数百年，甚至上千年。

　　遗址的第⑨ C 层明显从西向东呈倾斜状，且有机质遗物丰富，发现密集的橡子壳，似乎属于湖边堆积性质，因此判断独木舟当时被摆放在湖岸边。独木舟周围规律地分布着木桩和桩洞：东南侧舷有 10 个木桩，紧挨舟体；东北端有 1 个木桩；西北侧舷的中部发现 1 个木桩；北部发现桩洞 3 个，基本呈直线分布，只是打入的角度有所差异，有的下端倾斜深入舟体底部，有的基本垂直打入。经鉴定，木桩有松木、栎木、酸枣木、枫香木等数种。木桩的平均长度在 80 ~ 100 厘米，底部都经削尖，说明是人为打入的。除了木桩、桩洞外，舟体东北端底部还垫有一根横木。该横木为自然的松树杆，未经专门加工，西端略粗，直径约 8 厘米，有杈节；东端略细，直径约 7 厘米。舟体中部偏南发现一块上部平整的大石块，紧枕舟底。从上述现象分析，独木舟是由木桩固定后被架在湖岸的，枕石与横向垫木的使用应该是出于平稳需要，说明舟体的摆置有特别的要求。

在独木舟的东南侧有一些木质遗物，包括木料与自然树干两类，其中木料又分为剖木与整木。五根剖开的木料与独木舟平行放置，略有交错，树皮尚未去掉，截面多呈扇形，显然源于同一根整木；剖面呈自然裂痕，未修削。木料稍大的长约 280 厘米、宽 5 ~ 8 厘米，稍短的长约 260 厘米、宽约 8 厘米。在木料堆的东北端有一根整木，长 250 厘米、直径 22 ~ 26 厘米，两端截面隆突不齐，从错杂相切的断面分析，应当是锋利石器加工而成。还有 8 根木料带有不同程度的截、剖痕迹。此外还有 4 块板材，其中一块木板长 240 厘米、宽约 24 厘米、厚 2 ~ 3 厘米。其他还有形状不一的树枝若干。这些被均匀切割的木材和木板显然需要有相当的技术与趁手的工具才能完成，尤其那块长 240 厘米的大木板，在原始落后的时期，其制作加工的难度可想而知。

在独木舟两侧发现木桨各一片。其中一片保存情况较差，已开裂，长 140 厘米，桨板宽 22 厘米、厚 2 厘米，桨柄宽 6 厘米、厚 4 厘米。另一片木桨保存完整，长 140 厘米，桨板宽 16 厘米、厚 2 厘米，桨柄宽 6 ~ 8 厘米、厚约 4 厘米。其柄部有一方孔，长 3.3 厘米、宽 1.8 厘米，上下凿穿，孔沿及孔壁十分光整，无磨损痕迹，如同当代木工用金属工具凿挖而成。

在木堆及独木舟周围发现磨制石器用的砺石、三个石锛木柄和多个石锛，在独木舟的侧舷还发现数片石锛的锋部残片。石锛及石锛木柄较集中的发现，尤其是石锛锋部残片的发现，说明此处应该是与木器制作加工有关的遗迹。在独木舟及相关遗迹的清理过程中还发现两块席状编织物，推测是独木舟遗迹现场的工棚构件。编织物刚出土时颜色仍很鲜黄，颇似当代人家刚刚废弃的破藤椅，若不是在遗址的地层内出土恐怕很难引起考古人员的关注。其中一块保存较好，经鉴定系禾科类植物编织而成。编织物呈梯形，三边残损，完整的一边斜向收边，残幅长约 70 厘米，最宽处约 60 厘米，最窄处约 50 厘米，较宽一侧有 T 字相交的木质条骨编织其中。此编织物的编织方法与当代席子、藤椅的编织方法完全一致，每根编织条的宽度基本一致，单根宽约 0.5 厘米（从编织物的残破处观察应有双层，下层单根宽编织条的宽度也在 0.5 厘米左右）。在当时没有金属刀具的条件下，要削出这样的编织条难度非常大。而相同的编织物在跨湖桥遗址发现了三件，说明在当时已经较为普遍，编织的技术已经相当成熟。

综上所述，独木舟的存在并不是一种孤立的现象，它与湖泊、湖岸线、木桨、木料、木桩、磨石、石锛及与石锛相配套的石锛木柄等遗物是一种相互关联的共存关系。这是一处保存相对完整的遗迹，而且是一处有着重大考古研究价值的遗迹，它的发现也弥补了跨湖桥遗址第二、三次发掘区仅有遗物

图 3-1-2 独木舟

而无遗迹发现的空白。

至于独木舟的年代，根据其所处的地层是遗址最早的第⑨层，所以其成型的年代应该是跨湖桥遗址的早期阶段，即距今约 8000 年；如果独木舟及相关遗迹上层是因海侵造成的次生堆积，那么这片遗迹的年代应在跨湖桥遗址的晚期，即距今约 7000 年。为了慎重起见，考古人员把独木舟的标本和遗址第⑨层出土的陶片标本分别请北京大学和上海博物馆进行了 ^{14}C 测定和热释光测定，所测定的数据结果基本一致，年代为距今约 8000 年。但用于制作独木舟的马尾松本身非常粗大，树龄可能就有数百年，因此年代测定数据可能存在一定的误差，独木舟制作成型的实际年代要晚于距今 8000 年。

跨湖桥遗址独木舟及相关遗迹是目前发现的国内最早的独木舟及相关遗迹，对研究中国舟的起源及中国造船史都具有重要的意义，也直接推翻了一些国外学者认为中国古代只有筏而没有舟，中国的舟是由国外引入的谬论。

但在欣喜的同时，跨湖桥遗址独木舟及相关遗迹的功能与性质至今无法得到准确的解释。这究竟是一个加工制作独木舟的作坊，还是修理独木舟的工场？或者是该独木舟已经破损，无法继续使用，特意用一些木桩将其固定后改作他用？据船史专家考察分析，该独木舟的内部十分光滑，可能经过了长期的使用。既然是经过使用并且可能已经破损了，为何还要被架在河边呢？有人又做出了一种新的推断，认为这条破损的独木舟可能是被重新加工，然后当作"边架艇"使用。所谓的边架艇是在独木舟的左右两侧添加一到两根长条形木头，以增强独木舟抗击风浪的能力，提高其稳定性。目前一些南太平洋岛国的土著人还在使用这种舟出海，只是他们的边架艇体积很小，加工后的木头最大直径约 20 厘米，前后细尖，用两至四根杆子与舟体相连，结构非常合理，既能有效抵抗海上的风浪，又不会太过影响航行的速度。而跨湖桥遗址独木舟的体积比较大，当作边架艇使用非常不合理。

从独木舟及相关遗迹发掘的地层观察，地面上还留有一层鲜黄色的木屑，独木舟的西侧有一件石锛木柄，东侧发现一块砂岩砺石，砺石的中部内凹，明显是

图 3-1-3 南太平洋岛国汤加居民目前仍在使用的独木舟，置有边架艇

磨制加工石器等工具的磨石。再结合周边劈开的木料、未曾加工完毕的木桨等综合分析，这里无疑是一处工场作坊。至于作坊的性质，或者说独木舟被架在这里究竟为何，都还有待深入的研究。

第二节 建筑遗迹

跨湖桥遗址的建筑遗迹主要分布在 1990 年发掘的遗址中心区，共揭示四处房址遗迹和多处相关的建筑遗迹。因为跨湖桥遗址大部分已遭毁坏，发掘的仅是残存的一小部分遗址，所以遗迹的揭露基本不完整，但还是反映了定居生活的一些特征。木构建筑是主要建筑形式，多以成排的柱子（洞）为标志。2002 年发掘区的"独木梯"是干栏式建筑存在的一种间接证明，但几座建筑残址中没有发现大型的、垫有柱础的立柱。与河姆渡遗址比较，跨湖桥遗址带榫卯的建筑构件也比较少。从出土的少量榫卯残件及独木舟的制造技术分析，跨湖桥遗址已经具备了相应的木作技术。跨湖桥遗址第一次发掘区的建筑遗迹 F4 是以木桩立骨的土墙式建筑，这种墙体落地式建筑是与干栏式建筑完全不同的建筑形式，在江南地区新石器时代早期遗址中尚未发现过。查访得知，在跨湖桥遗址被破坏的区域曾发现过大型的木柱。

主体遗迹建筑 B 位于发掘区中部偏北，即探方 T202 东部、T203 全部、T303北部、T204 西北部，平面呈半个椭圆形。遗迹开口于第②层下，叠压第⑦层，整体为一处多层次堆积形成的黄土台，土台被揭露部分长、宽均约10米，高约1.6米。在 T203 范围内，堆积共分为 19 个小层，除第①小层外，每小层均有一个浅坑结构的烧土面，其中⑮、⑲ 小层烧土面较模糊。烧土面的分布位置较固定，均在 T203 中。

F2 位于探方 T302 西北部，叠压于第⑤层下。遗迹向北、向西可能延伸至探方 T202 和 T301，仅揭露 T202、T302 部分。大致判断为平面呈南北向长方形的房屋建筑遗迹，以成排的木桩和柱坑为边界范围，其中位于 T302 的部分仅有木桩迹象，埋没于土层中的木桩长短不一。F2 堆积为含有红烧土颗粒的土层，分为上、中、下 3 层。

建筑 C 主要分布在探方 T203 内，延伸至 T202、T402，整体呈长方形，南北向。基面为黄色斑土，质地较为坚硬，堆积最厚10厘米，从西北向东南倾斜。此范围内发现柱洞痕或柱坑 8 处，填土均为黑灰色黏土。

①层下的遗迹建筑 A 位于探方 T404 和 T303 内。平面近正方形，长约 5.7 米，宽约 4.7 米，西南部略高于东北部。遗迹西北部有一块隆起的椭圆形灰白色烧结面，东西长约 180 厘米，南北宽约 120 厘米，高出周边红土面约 14 厘米，周围还发现若干鹅卵石块。红土层下为一层黑灰色土，黑灰色土层下为黄土。黄土层分布较均匀，厚约 10 厘米。

第三节　橡子窖藏遗迹

橡子窖藏（灰坑）发现于跨湖桥遗址 1990 年发掘区，共有 3 处。

第一处位于探方 T303 的东南部，开口于第⑥层下。平面近正方形，袋状，底略平。坑边长约 60 厘米，底部边长约 70 厘米，深 50 厘米。坑口架设"井"字形木构，木构分两层，交叉叠压，框边长约 30 厘米，木材长约 70 厘米，横截面呈半圆形、三角形、长方形三种。坑内保存有丰富的橡子。其中西壁近底部有一长 48 厘米、宽 17 厘米、厚 3 厘米的木板，坑底部和西南角有残存的木桩。

第二处位于探方 T303 西南角的灰坑中。灰坑部分伸入探方的西壁，在清理第⑥层的树皮、碎木片堆积时发现凹坑，下部有若干木板。坑深约 73 厘米，坑内填土为灰黑色淤泥，淤泥中包含大量的橡子。

第三处位于探方 T301 内。平面近圆形，剖面略呈袋形，坑口有 4 根木条围成"井"字形。坑底靠南壁有一块大木板和木条，其上竖立一块厚木板，用于支撑坑口的"井"字形木框架。坑内存有丰富的橡子。

橡子，又称橡实、橡碗子，是栎树的果实，含淀粉和少量的鞣酸，可以食用。跨湖桥遗址发现的三处窖藏中的橡子应该是当时人们作为食物储存下来的。

第四节　灰坑、柱坑遗迹

灰坑与柱坑主要发现于跨湖桥遗址 1990 年发掘区和下孙遗址发掘区，尤以下孙遗址发掘区最为密集。

跨湖桥遗址 1990 年发掘区的柱坑与灰坑共有 4 个，其中柱坑 2 个、灰坑 2 个。柱坑均为圆形，深 20 ~ 30 厘米。柱坑中埋设的木柱截面呈圆形，底部平，下为黑色填土。灰坑多呈圆形，或上面架"井"字形木构。编号为 H25 的灰坑位于探方 T202 的东南部，坑内堆积分 5 层，内部发现少量的陶片、残存的木构件以及腐朽的有机质。

下孙遗址的柱坑和灰坑集中分布在发掘区的西部。尤以探方 T1003、T1004、T1103、T1104 西部分布最为密集。由于遗址被海潮冲击，损毁严重，发现的呈密集型排列的灰坑中不排除一部分是柱坑的可能性。

下孙遗址编号灰坑共 64 个，其中 4 个在发掘区外的遗址破坏区。平面以圆形为主，少量为方形。坑壁多规则，深浅不一。由于坑内填土的沉降，坑口以下数厘米被第⑤层的沙土填充。择 H37、H42、H51、H24、H48、H43、H15、H28 作简要介绍。

H37：平面呈椭圆形，直壁，平底。口长径 80 厘米、短径 70 厘米，深 65 厘米。坑内填土分 4 层。①层灰色土，质松，夹杂木炭碎屑、烧土块。②层灰黄色土，黏性，自东向西淤积。③层灰黑色土，质松，均为灰烬。④层青灰色土，较纯净。

H42：平面近圆形，直壁，平底。口径 70 厘米、深 36 厘米。填土夹杂炭屑、鱼骨、陶片。坑底侧置一较大的红烧土块。

H51：平面呈长方形。口长 90 厘米、宽 80 厘米，深 60 厘米。坑内填土分 2 层。①层分 A、B 层，① A 层较厚，深灰色土，夹杂木炭屑；① B 层淡黄色土，质硬，被① A 层包裹。②层为褐色松土，含极少木炭。出土陶线轮一枚。

H24：平面近圆形，直壁，底近平。口径 110 厘米、深 48 厘米。填土分 2 层。①层灰色土，夹杂炭屑及烧土块。②层深灰色土，中间有分层的炭灰面叠积。

H48：平面呈圆形，斜壁内收，平底。口径 70 厘米、深 64 厘米。填土灰黑色，质松。内含少量烧土块，呈锅底状堆积。底部土呈浅灰色。出土陶片、小石块。

H43：平面圆形，直壁，平底。口径 64 厘米、深 54 厘米。填土分 2 层。①层黑色土，质松，夹杂木炭碎屑、红烧土块，并见三块较大的木炭。②层灰色土，质致密。底部铺有苇席片。

H15：平面近圆形，直壁，平底。口径 130 厘米、深 45 厘米。填土分 2 层。①层灰黑土，木炭屑较多，呈锅底状堆积。②层灰色土，近底部见少量炭屑。出土陶片及石锛 1 件。

H28：平面近方形，壁较直，平底。口边长 76 厘米、深 40 厘米。填土分 2 层。①层深灰色土，质松软，夹杂较多的木炭屑，炭屑面有层理分布现象。②层有一石块平置坑底中心，石块略呈长方形，长 50 厘米、宽 38 厘米、厚 20 厘米，表面平整，多炭屑。

下孙遗址较明显的柱坑遗迹分布在探方 T1004 内，6 个柱坑构成不规则的长方形。简要介绍如下。

D1：坑中套柱结构。柱坑呈圆桶状，口径 40 厘米、深 46 厘米。圆柱直径约 11 厘米，底面平，立于坑底，坑口位置断残。填土灰色，夹杂少量烧土和木炭碎屑，较结实，坑口填压石块、陶片。柱体被船蛆蛀蚀。

D2：坑中套柱结构。柱坑略呈圆桶状，口径约 54 厘米、深 53 厘米。圆柱直径 12 厘米，底面较平，残高 40 厘米。柱底距离坑底 9 厘米，柱身略倾斜。填土灰黏，夹杂烧土粒及木炭碎屑。柱上端被船蛆蛀空，空处夹杂一些红烧土块。

D3：直桶状坑，壁面光整，底平。口部挖破，不规则。坑直径 25 厘米、深 40 厘米。填土灰色，夹杂红烧土块及木炭屑。未见蛀痕。

D4：坑中套柱结构。柱坑略呈锅底状，平面圆形。口径 44 厘米、深 34 厘米。底部见一截竖置的木柱，木柱直径 8 厘米、残高 16 厘米，被船蛆蛀空。填土仅及半坑处，土色灰褐。

D5：坑中套柱结构。坑形不规则，底面不平。坑口长径 116 厘米、短径 80 厘米，深 80 厘米。木柱立于坑底东侧，柱底平，在坑口处断残，直径 9 厘米、残高 40 厘米。填土为沙性灰土。

D6：柱坑略呈锅底状，平面椭圆形。坑口长径 88 厘米、短径 60 厘米，深 28 厘米。坑南侧插立一石块，应是用于稳定柱子。坑内未发现柱痕。填土为灰褐色。

第四章 遗 物

由于被厚厚的海相沉积与湖相沉积所覆盖，跨湖桥遗址和下孙遗址长期处在地下水位之下，大量遗物较好地保存了下来。本章所说的遗物主要包括陶器、石器、骨器、木器以及部分动植物标本。

第一节　陶器

陶器以跨湖桥遗址 2001 年第二次和 2002 年第三次发掘区出土的数量最多，也最具代表性，在约 750 平方米的范围内出土陶片数万件。发掘区处于遗址边缘的临水地带，应该是海侵来临时潮水巨大的冲击作用将大量生活区的器物推向相对低洼的"湖岸边"形成了厚厚的堆积。陶器的修复率比较高，共拼复 300 余件，器物群的文化面貌得到了比较清晰的呈现。而 1990 年跨湖桥遗址第一次发掘区和下孙遗址由于遭受海潮的冲击，出土的陶器数量明显要少一些。

陶器以夹砂陶、夹炭陶为主，此外还有少量的夹蚌陶，总体又可分为黑陶、灰陶和彩陶三大类。从使用功能上来看，占陶器主要部分的陶容器有生活用具与生产工具两大类。其中生活用具主要有釜、罐、钵、盆、盘、豆六大类，还有器盖、支座及少量不明器物，生产工具仅有纺轮器、线轮两种。生活用具又可分为圜底器、圈足器、平底器三类。圜底器最多，约占容器总数的 79%；圈足器次之，约占 18%；平底器最少，约占 3%。平底器多见于罐类，其中与下腹呈圆角的不规则平底器占多数。未见带足的陶器出现。

（一）器形

1. 釜

釜约占陶容器总量的 50%，总数愈百件，以夹砂陶为主，夹炭陶次之，另

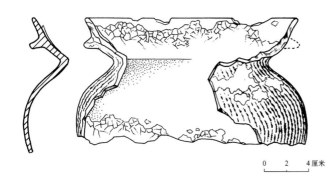

图 4-1-1　陶釜

内壁残留着锅巴痕迹,为研究古跨湖桥人的食物结构留下了非常珍贵的实物资料。

0　2　4厘米

外还有极少量的夹蚌陶。器形十分丰富,一般为侈口,束颈,折肩,弧腹,圜底;或是侈口,束颈,丰肩,鼓腹,圜底。还有卵腹形、盘口形等等。因为是圜底,所以使用时必须用支座支撑。跨湖桥文化的釜与罐在类型上很难划出界线,如器形较为高大的卵腹形器,在炊煮时即便有支座支撑也缺乏稳定性,不太适合作为炊具"釜"来使用,称之为"罐"更合适。

型式划分主要以器形特征为依据,由于标本大多为口沿或与口沿相连的肩部、上腹部残器,因此器物的上半部分成为特征把握的重点。同时也参考陶质、纹饰的因素,如夹炭陶一般见于小型陶釜,方格、菱格拍印纹往往施于少数几种器形。夹砂陶釜胎色以灰褐为主,黑陶次之,器表颜色分内外均黑、内灰外黑、外灰内黑、内外均灰几种。夹砂陶釜多施绳纹,夹炭陶釜中拍饰菱格纹、方格纹的比例较高,此外还有篮纹及素面。器物的口沿外侧常用割、揿的手法形成褶纹。

折肩双耳釜是跨湖桥遗址独有的彩陶釜。基本造型为直口,尖圆唇,折肩,扁腹,圜底。口径一般约16厘米、肩径约20厘米、高约10厘米。肩部以上施红衣,大多褪色、脱色严重。肩部施带、点组合的乳白厚彩图绘,大多褪失。肩以下为灰褐色,有向心状分布的黑斑,呈块状或窄条状,多延至肩部。领下侧为一周细线堆纹,一般有锯齿或褶。置跨连肩颈的对称双耳。其中一件釜双耳上施有"田"字形乳白色厚彩。

2. 罐

罐约占陶容器总量的16.9%。泥质夹炭黑陶,极个别夹杂少量蚌屑。基本造

126

型为尖圆唇，侈口，竖领，肩颈处置双耳，深腹，圜底或圆角小平底，根据肩、颈等部位的细微差别又可分为多种型式。器表施红衣，或呈灰褐杂色，部分施黑衣。红衣多脱落，露出灰白底色，黑衣分光亮与暗黑两种。除黑衣陶内壁为黑色外，多数内壁呈灰白色。从比较完整的罐上可以看到红衣普遍只施于肩部以上，但由于标本多为口沿部分，故无法进行整体观察。彩陶纹饰多见于肩部，弦纹、刻划纹多施于颈部。

最具代表性的彩陶罐为 T0511 ⑤ A：11，是跨湖桥遗址出土的最大的彩陶器，口径 23.2 厘米、肩径 36 厘米、高 39.7 厘米。夹炭陶。领沿上部略外撇，小圆唇，深腹，圜底。施凸棱两周，折肩以上施红衣，肩的上缘施点状厚彩一周，下缘施"十"字形厚彩一周，肩中部施等距齿轮状（太阳）厚彩纹 4 个。双錾呈鸡冠状。口沿有多处磕疤，底腹见较规则分布的黑斑。

3. 钵

钵约占陶容器总量的 4.7%，均为泥质夹炭陶。器表颜色分为外红内黑、内外均黑、内外均红三种。红衣多脱落，呈灰褐色。外红内黑者最具特色，内壁黑面十分光亮，并延伸至唇沿外侧。钵是跨湖桥人使用的一种餐具，内壁黑光面近似瓷器的釉，比较符合卫生要求，而外壁的红衣彩则可满足审美需求。由于器形小而简单，复原的比例较高。基本造型为尖圆唇，口微敞，直腹，圜底，也有少量敛口、折腹形和敛口、弧腹形，依据器形特征可分为 7 种类型。一般口径 10 ~ 12 厘米、高 9 ~ 10 厘米。刻划、堆棱为主要装饰。有些钵的外壁施有一条或两条锯齿形呈带状的凸棱。

跨湖桥陶器中的釜、罐、钵等炊具与餐具有一处明显的特征，即只要是圜底器，底部基本都有火烧后的烟痕。这也说明跨湖桥人在煮炊食物时十分随意，只要经得起火烧烤的陶器都会当作炊具使用。

4. 圈足盘与豆

圈足盘与豆占陶容器总量的 20.2%。一般来说，圈足盘的圈足部分较宽矮，豆的圈足部分（柄）较瘦高，但涉及具体标本界限往往容易模糊，因此一并阐述。

圈足盘与豆均为泥质夹炭陶，器表颜色有内外黑、外红内黑、内外红三种，纹饰有彩绘、镂孔、刻划、弦棱等。

圈足盘　敞口，折腹，圈足施镂孔和放射线的组合装饰。按圈足等部位的差别可分为三类。一类上腹口沿略外翻，尖圆唇，腹较浅，圈足较瘦高，放射线为刻划纹。一类上腹斜直，腹稍深，圆唇，圈足较宽矮，足尖略外撇，放射线为刻划纹。另一类上腹略内凹，腹更深，放射线为厚彩涂绘。圈足盘的口径一般为22～23厘米、底径13.2～15.6厘米、高10.2～11厘米。但编号T0411⑨A：3的圈足盘非常大，口径55.1厘米、底径36.4厘米、高25厘米。圈足盘与豆都是餐具，底部加高圈足是为了人们席地就餐时取用更加方便，而T0411⑨A：3圈足盘如此巨大，显然不是少数人员使用的餐具，而是聚落共同使用的特殊用具。

豆　主要分为三类。第一类有17件。圆唇，敞口，浅腹弧形底，下腹与圈足部分呈直筒状，圈足多外撇。外壁中、下部施凸棱环带彩。内外黑光或呈灰褐色，有的内外壁施红衣，有的内壁施彩绘。第二类有复原器与残件标本37件。敛口，圆唇，折腹，弧形底，高圈足。部分在口沿处有弦纹若干。圈足有圆形镂孔，周围刻划放射线。第三类主要是残盘标本，共10件。圆唇，敞口。有的盘内施彩绘，有的内外漆黑光亮。上述豆口径13～25厘米、底径约12厘米、高约14厘米。

图 4-1-2　陶圈足盘图

图 4-1-3　陶豆

5.其他

遗址出土的陶器还有甑、器盖、支座、纺轮、线轮等。

甑 炊具，与釜搭配使用。甑的底部有数个孔，架于釜之上，釜内可煮食物或水，通过釜的蒸气还可将甑内的食物蒸熟。跨湖桥遗址与下孙遗址共出土甑13件。其中一件复原器口径15.7厘米、高17.2厘米，侈口，略折颈，卵腹圜底，底部有12个孔，施较杂乱绳纹。其他甑也有素面无纹饰的。

图 4-1-4 陶甑

器盖 指各类陶器上的盖子。能复原的器盖有6件，残件12件，可分两类。一类是实心圆纽。截面呈倒梯形，整体呈浅盘形，隆背，圆唇。一类是花瓣纽。仅见1件，纽呈五叉形，底残，纽径4厘米、残高3厘米。

支座 支座是煮炊时放在釜底用于支撑的垫具，如同当代人野炊时在锅底下置几块石头才可点火煮食一样。这是跨湖桥遗址年代较早的重要物证。出土17件，均为细夹砂陶，陶色为灰黑或红色。按器形分为两类。一类器身矮小，共11件，高均在8厘米以下。另一种体形较高，共7件，高11～14厘米。支座整体都向一侧弧形倾斜，以利于支撑陶釜。

纺轮 纺轮是用于纺线的工具，这是跨湖桥时期已经出现纺织工艺的重要物证。出土103件，另有一批采集品。均为旧陶片加工而成，边缘略经打磨，形状多为不规则的圆形，部分呈方形。中间对钻一孔，孔的位置往往不在正中，部分

孔未钻通或尚未钻孔。其中已钻孔的占70%，未钻孔的占21%，钻而未通的占9%。

线轮　出土32件，另有采集品数十件。形似圆形扣，直径1～2厘米，一般中薄边厚，边缘有槽，槽间发现有缠绕的纤维质线。这是目前发现的跨湖桥文化独有器物。

（二）装饰工艺

1. 陶衣

跨湖桥类型陶器的装饰工艺与同时期文化相比有其独特的方面。首先大部分陶器都饰有陶衣，尤其是非炊器类容器，如罐、钵、盆、豆、圈足盘等，部分釜、甑类炊器的内外壁也见一层不同于黑胎的薄衣。红衣是最醒目的陶衣装饰，不同器物的装饰部位不同，盘、钵、盆类主要施于外壁，罐主要见于肩颈部，反映了古跨湖桥人比较成熟的审美观念。红衣之上经常伴有乳白色的彩陶图案，两者相得益彰。值得注意的是，在红衣剥落（褪色）区均露出灰白的底色，这层灰白衣一直延伸到肩部以下，覆盖未施红衣的其他部位，说明在陶器成形后，器表经过了两道上衣工序。灰白衣也并非只充当红衣的底色（化妆土），一些施红色彩绘的浅盘类陶器上，衬底也是灰白或灰黄衣，说明除红衣外，灰白、灰黄衣也是重要的装饰。在遗址中出土过泛红色的铁矿石，色泽与红陶衣的颜色非常接近，红陶衣应是将这种原料碾磨成粉，制成浆料涂刷敷施，烧制后经氧化形成的。

除红、灰陶衣外，还有黑陶衣。一般情况下，黑陶是在缺氧条件下（还原焰）焙烧的结果。跨湖桥遗址出土了大量内外黑亮的罐、豆类器，同时还出土了外红内黑且光亮的豆、钵、盆等器物。外红内黑陶器的黑色往往延伸到口沿外，呈一种流焰状，证明确实是还原焰所致。跨湖桥遗址的黑陶十分光亮，视觉上有一种晶莹的感觉，经测验分析其含有盐的成分。把盐用于制陶工艺是古跨湖桥人的发明[1]。应当说，黑光陶衣体现了跨湖桥遗址比较先进、又能被熟练运用的陶器工艺技术。

表 4-1-1　黑光陶化学组成（重量 %）

部位	SiO_2	Al_2O_3	Fe_2O_3	TiO_2	CaO	MgO	K_2O	Na_2O	MnO	P_2O_5
表面	68.62	19.54	5.22	0.68	1.23	1.47	2.32	0.92	0.02	0.18
内部	65.66	21.35	7.05	0.47	1.41	0.03	1.68	0.30	0.02	0.40

表 4-1-2　黑光陶片电子探针分析（重量 %）

靶区号	Na_2O	NaCl	K_2O	FeS_2	FeO	NiO	CaO	MgO	Al_2O_3	SiO_2	TiO_2
光面 1	1.62	—	2.21	0.70	3.20	—	0.74	2.11	22.01	66.63	0.78
光面 2	1.54	—	2.23	0.73	2.74	0.27	0.70	2.16	22.24	66.45	0.94
光面 S_2	3.72	1.83	—	5.04	1.24	—	3.07	4.82	8.99	71.29	—
光面 3	1.52	—	2.14	0.55	2.40	0.41	0.73	2.35	22.01	66.96	0.92
光面 4	1.79	—	1.53	1.94	4.91	0.47	1.41	2.43	16.29	68.57	0.67
光面 S_3	1.20	—	3.01	0.88	2.39	—	1.04	1.20	22.58	67.71	—
断面 1	2.23	—	1.93	0.28	1.91	0.60	0.78	2.66	22.63	66.16	0.81
断面 S_1	1.39	—	2.55	—	3.46	—	1.19	1.98	23.01	66.42	—

2. 彩陶

彩陶主要出现在罐、圈足盘、豆三种器物中，十分醒目。粗略统计，彩陶器（片）约占陶器（片）总数的 2% 以上，占罐、圈足盘、豆三种陶器（片）数量的 5%。由于彩陶的纹饰一般施于陶衣之上，陶衣的脱落、褪色和彩绘纹本身的褪色、脱落都影响到彩陶的寻找与分辨，彩陶的实际数量应该要多于所统计的数量。下孙遗址受海潮严重冲刷，对陶器的磨损非常大，因此没有发现彩陶。

彩陶按质分为厚彩与薄彩两种。厚彩的特征是乳白色，较厚，触摸时有明显的隆突感。厚彩均施于器物的外壁，如陶釜的肩部、圈足器的圈足部位。薄彩以

---

[1]　柳志青、施加农等：《跨湖桥文化先民发明了陶轮和制盐》，《浙江国土资源》2006年第3期。

红彩为主，另外还有数量极少的黑彩，触摸时无隆突感。薄彩大多施于豆、盘及圈足盘内壁，在极少的残陶片上也见有施于外壁。

彩陶的纹饰主要有条带状纹、波折纹、波浪纹、环带纹、垂挂纹、太阳纹、火焰纹、"十"字纹、叉形纹、点彩、直线与折线组成的矩形彩纹等数种，另外还有以复线交叉为框架，间以点彩、方框彩等装饰。

跨湖桥遗址彩陶器是当时江南地区发现的最早的彩陶器，证明了长江流域彩陶文化的历史与黄河流域同样悠久。

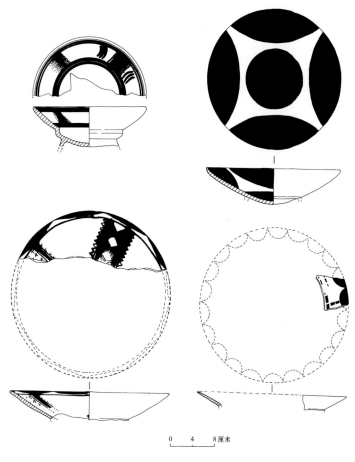

图 4-1-5　彩陶器

图 4-1-6　彩陶纹饰

3. 印纹陶

印纹陶与商周时期流行的印纹硬陶是我国南方地区特有的陶器品种，也是越文化的象征。以往发现的印纹陶基本在新石器时代晚期，如江西山背文化跑马岭遗址、福建昙石山文化下层及广东石峡文化下层均有发现。因此考古界基本认定印纹陶出现于新石器时代晚期，并在商周时期烧制成印纹硬陶，一直延续到汉代。印纹硬陶的烧制成功对早期瓷器的产生有直接的影响，在中国陶瓷史上具有十分重要的意义。史前时期陶器上的纹饰多以绳纹、篮纹或划纹为主，这种类型的纹饰都是以滚动式的方法装饰，所以纹饰都呈直线形。而我们在跨湖桥遗址出土的陶器中发现了数片有拍印纹饰的陶片，纹饰有方格纹、菱形纹等，明显是由陶拍拍印而成，有的复拍痕非常明显，其中细方格纹与商周时期的印纹硬陶纹饰如出一辙。两者是否有传承关系姑且不论，但跨湖桥遗址印纹陶的成型工艺与商周时期的印纹硬陶完全一致，即先采用"泥条盘筑法"成型，再用陶里手和刻有纹饰的陶拍内外拍打，使器壁厚薄均匀，同时在陶器表面留下重叠式的拍印纹饰。

图 4-1-7　印纹陶残片

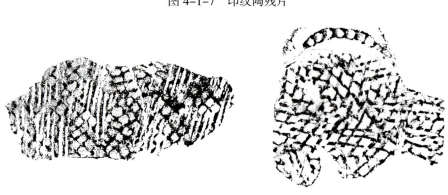

图 4-1-8　印纹陶拓片

可看出陶拍反复拍印留下的纹饰的重叠痕。

跨湖桥遗址这一发现把印纹陶的历史提前了数千年，凸显了在陶器制作工艺方面
的成就。

4.其他

绳纹是陶器纹饰中最常见的一种，分拍印、滚印两类，一般施于釜、甑类炊
具上，偶尔也见于罐和圈足器的底部。绳纹又可分为竖绳纹、斜绳纹、交叉绳纹
等多种。常见纹饰还有米粒纹、篮纹和刻划成形的放射纹、折线纹、网格纹、波
折纹等。此外还有堆贴、镂孔、戳印等装饰方法。

（三）制作成型工艺

跨湖桥遗址的陶容器大多器形规整，厚薄均匀，器壁平均厚度约 0.3 厘米，最薄处不足 0.2 厘米，体现了较高的成型及烧制水平。通过对陶器标本的观察，发现几条与陶器成型、修整相关的线索。

1. "泥条盘筑法"成型

所谓"泥条盘筑法"，是将陶坯泥搓成泥条，然后根据想要制作的器物大小从底部到顶部螺旋式盘筑，再经过拍打或割削等将厚薄不匀的器壁做成平整、均匀的状态，最终成型的制陶工艺。这种成型工艺适于制作大型陶瓷，流传数千年，现在仍有一些地区在使用。

2. 慢轮成型或修整技术

在跨湖桥遗址许多罐、钵、豆类陶器中都出现了均匀规则的旋坯痕和明显的弦纹，证明慢轮成型或修整技术已经应用于陶器的成型与修整加工，比以往所认识到的该技术在国内出现的时间提前了近两千年。轮制成型或修整技术的发明是人类制陶史上的重大成就，开创了陶瓷成型工艺的新篇章。轮制成型技术是否为跨湖桥人的创举我们未能确定，但其无疑是目前国内所知最早应用这一技术的，在中国陶瓷发展史上具有极其重要的意义。

1. 黑光陶罐口沿处的弦纹

2. 黑光陶钵上的旋坯痕

3. 黑陶钵上的旋坯痕与弦纹

图 4-1-9　陶器上的旋坯痕与弦纹

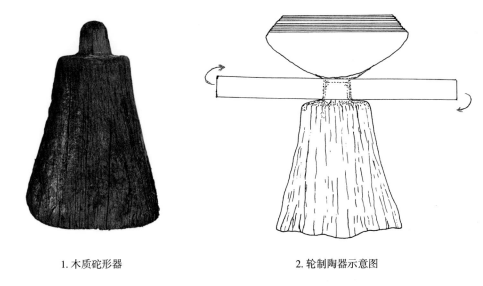

1.木质砬形器

2.轮制陶器示意图

图 4-1-10　疑似用于轮制陶器的木质砬形器

3. 残破面上的层理现象

这种现象不普遍，也并不鲜见，在较小的陶片上能发现裂缝的贯穿。值得注意的是内层面有时也印有绳纹，这是否反映了陶器的贴筑技术？跨湖桥遗址中，绳纹作为装饰出现于釜、甑类器物中，但一些器物的圈足或底部也可以看到绳纹，证明绳纹并非仅仅作为一种装饰，而是陶器成型过程中一道必要的工序，通过压印使陶胎更加致密、结实。陶胎中的层理现象或许就源于陶器成型过程中的二道程序，即在胎壁较薄的部位加补泥片。这或许可以成为"贴筑法"工艺内涵的补充，是跨湖桥文化陶器工艺的独特之处。

4. 内外壁的加工与分段拼接的成型工艺

多数深腹敛口容器的内壁可以观察到大小不一的浅窝，应当是使用垫具留下的痕迹。这些垫具也叫陶里手或陶拍，呈蘑菇状，在跨湖桥遗址有较多的发现。因泥条盘筑或手捏的陶器器壁厚薄不匀，必须用里手在器内壁抵着，用拍子在器外拍打或用绳索绕杆子滚动，不仅使陶器的胎壁均匀平整，同时在外壁也印出各种装饰纹样。这种制陶工艺在商周至两汉时期还在沿用。

对于器形较大，口沿略小的器物，在采用泥条盘筑或手捏等方法制作成型时

1.跨湖桥遗址出土

2.浙江湖州瓢山夏代印纹硬陶与原始瓷窑址出土

图4-1-11 陶里手

难以一步到位,所以多将上下两部分分别制作再对接,或在口沿处相接。这种制陶方法在明清时期还在沿用。

第二节 石器

石器主要有锛、斧、凿、磨石、镞等生产工具和狩猎工具,还有璜形装饰品等,完整器有135件。石料以沉积岩为主,少量为火山岩。石料的选用与工具的用途相关。锛均为沉积岩中的泥岩,有沙质纹理,容易开裂,韧性好,质地较细腻,形成于下古生代。砺石均为沉积岩中的砂岩,质地较硬,但颗粒较粗,性脆而易断。磨棒较为复杂,质地有基性脉岩、沉积岩、火山岩三种。个别斧

使用火山岩制作。装饰品使用萤石制作。石器加工主要采用打、琢、磨的方法。石器大多经磨制，但也有少量毛坯，说明磨制是最后一道工序。

（一）生产工具

主要有锛、斧、凿、锤、磨石等。

1. 锛

36件。主要有三种类型。Ⅰ型，平面多呈长方形。偏刃、弧背。Ⅱ型，背较直，偏刃。Ⅲ型，偏刃正锋。石料色泽以灰青、灰白、玄黑三种为主。细磨光亮。

锛是古跨湖桥人重要的工具，是石器中发现数量最多的。石锛也是加工制作独木舟的主要工具。遗址中还发现了大小不一的石锛木柄，木柄的头部有一捆绑石锛的槽，用法如同锄头。

2. 斧

5件。截面多呈扁（椭）圆形，边棱圆润。正锋。石料有深灰色、青灰色、青绿色等。上部较粗糙，但刃部磨制光亮。跨湖桥遗址的石斧上部未经打磨且相对粗大，直接手握就可使用，也被称为"手斧"。

图 4-2-1　石锛

3. 凿

7件。长条形，偏锋，两面刃。有的磨面略鼓，棱角分明。有的截面为梯形，弧腹偏刃。石料有浅绿、玄黑、青灰色等。磨制光亮。

4. 锤

14件。分两种类型。其中一类平面多呈长方形，器形近似锛体，制作精致，磨制光滑，两头或单头有砸击痕迹，但均较细小，可能用于精加工。石料有青灰色、深灰色、灰褐色等。这种锤可能是将已经损坏的石锛加工再利用。

图 4-2-2　石斧　　　　　图 4-2-3　石凿　　　　　图 4-2-4　石锤

5. 磨石

25件。在功能上应有砺石、磨盘之分，但在形态上很难区分。磨石均为砂岩，色泽有浅绿色、紫红色、灰黄色等。一般长 20 ～ 35 厘米、宽 9 ～ 16 厘米。形状不一，有的略呈长方形，有的为三角形，基本上是原石料的形状。多数磨石用于加工磨制石器等，因此有些面上已经形成砚台状的凹槽。部分磨石是加工粮食的工具，配合石磨棒用于碾压稻谷脱壳。

多件磨石的出土，让研究人员清晰地了解到史前时期人们磨制石器和加工粮食的基本方法，也说明跨湖桥人已经掌握了不同石料的质地和物理性能，并能灵活运用。

6. 石镞

3件。石镞即石箭头，是一种与弓配套的武器，也是非常先进的狩猎工具。其中一件使用青灰色石料，残长 3.3 厘米、翼宽 1.35 厘米，形如柳叶，铤部及锋尖均已残损。另一件也使用青灰色石料，长 3.5 厘

图 4-2-5　下孙遗址出土的磨石

也称"石磨盘"，最长处约 30 厘米。结合石磨棒可用于加工粮食，在早于跨湖桥遗址的浦江上山文化遗址中就有发现。

图 4-2-6　石镞　　　　　　　　　图 4-2-7　砂轮

米、翼宽 1.9 厘米，锋部呈三角形，完整，铤部呈扁圆状。

跨湖桥遗址的镞除石质外还有木质的，形制各异，造型丰富，与遗址发现的木弓组成了成套的武器。

7. 砂轮

下孙遗址出土有一件圆形砂岩的残器，还原直径约 30 厘米、厚 8 厘米。两侧平面为原石料底子，较为粗糙，而外缘的圆边磨得光滑圆润。据判断可能是一种砂轮，用于石镞等石器的磨制精加工。浙江大学柳志青教授研究认为，跨湖桥柳叶形石镞的磨制在放大镜下看有明显"过桥"痕迹（石镞铤部叶面在磨制过程中，从叶面的一侧到另一侧的磨痕呈连接的直线），这必然是用砂轮之类的器械磨制形成的，因为手工磨制只能是单面的，磨制的痕迹线不可能两面相连。这也从侧面证实了"砂轮"论点的可靠性。

这是目前国内已知年代最早的砂轮，柳志青教授则认为是世界上最早的砂轮。砂轮的出现，说明跨湖桥人已经使用机械的方法加工器物，这在史前时期工具生产加工领域是具有跨越性发展的事件。

（二）装饰用品

璜

2 件，都是在跨湖桥遗址第一次发掘区出土。一件用淡青色石料制成，有透光性。短环状，截面呈椭圆形。对钻穿孔，孔形呈漏斗状。长 2 厘米，截面长径 1.2 厘米、短径 0.6 厘米。另一件用墨绿色石料制成。半环式，截面呈椭圆形。实心，两端首部两侧有钻孔痕，呈漏斗状，尚未钻通。长 8 厘米，截面直径 0.9 厘米。

　　璜是新石器时代中晚期常见的装饰品，可挂于胸前，一般都是用玉制成。跨湖桥遗址出土的两件石璜外观似玉，只是硬度不足，未达到玉的标准。跨湖桥人能选择这种类玉的萤石制作装饰品，足见其审美追求。

图 4-2-8　璜

第三节　木器

　　木器的材质有马尾松、青冈、麻栎、榉、糙叶树、柘春榆等。加工技术包括砍、削、凿、刻、磨等，许多尖锥形器利用火烤法增加硬度。多数木器是利用树木的心材仔细劈削而成的，说明古跨湖桥人知道使用心材可以防止木器开裂，即能根据木材的性质进行加工。出土木器 126 件，按功能可分为生产工具、渔猎工具、纺织工具、建筑用具，此处还有大量的不明器物。

（一）渔猎工具

1. 弓

　　1 件。断成三截，残长 121 厘米。用桑木边材削制而成。中段截面为扁圆状，疑为抓手的位置，宽 3.2 厘米、厚 2.2 厘米。两侧的弓身均捆扎一层树皮，用以加固，最宽处约 3.3 厘米、厚 2.2 厘米。在弓的一端（另一端残缺）有一凹槽，用于系扎弓弦。弓身涂有一层暗红色的树脂，经检测为漆，这一发现把中国漆

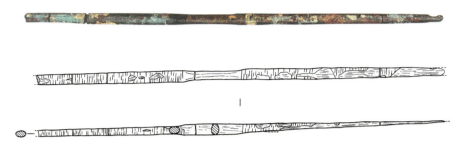

图 4-3-1 漆弓

的历史提前了 1000 多年。此弓是目前国内发现最早的漆弓，被国内外学者称为"中华第一弓"。

2. 镞

4 件。用边材制作。分 2 型。

Ⅰ型，3 件。标本 T0512④：6，总长 9.9 厘米，锋长 6.3 厘米。略残。加工精致，截面浑圆，锋部斜面呈弧线形，铤部分段。标本 T0512④：10，长 10.2 厘米，锋长 4.9 厘米。略残。造型规整，制作精。锋部呈锥形尖出，尖头略残。铤部分段，略呈圆锥体，有斜向擦痕。标本 T0410⑤A：15，长 3.8 厘米，锋长 2.5 厘米。完整。体形较小，锋面隆弧。

Ⅱ型，1 件。标本 T0512⑤A：15。铤残。残长 6.2 厘米。锋中段起一轮凸脊。

由于不易保存，木镞在其他史前遗址中极少发现，因此尤为珍贵。

（二）生产工具

1. 石锛、石斧柄

11 件。分 2 型。

Ⅰ型，3 件，环首直柄。标本 T0411⑦：16，完整。总长 25 厘米，环首宽 7.5 厘米。制作较精，柄端

图 4-3-2　木镞

尾部已残，但形制明确。

宽，雕凿成环形抓手，柄身直，砍削成一个斜面，上厚下薄。斜面便于捆绑，是一种复式装柄法。

Ⅱ型，8件，均为石锛柄。取用大小不一的树木枝杈部位，将细杈截为长柄，粗杈加工为较短的槌头。槌头下端锯切分段，其中外侧切面尤深且平，是捆扎、固定石锛的位置。

图 4-3-3 石锛木柄　　　　图 4-3-4 木砣形器

标本 0409⑥A：17 的石锛木柄，较完整。长 56 厘米，槌长 20.8 厘米。这是跨湖桥遗址出土最长的石锛木柄。

2. 砣形器

4件。圆台形，上端呈榫凸。分两种类型。

一种器形较大，榫头以下截面呈正梯形。标本 T0510⑤A：1，完整。高 22.4 厘米、底径 14 厘米。榫凸处有磨损痕。器身横截面呈多角形，平底。另一件高 25 厘米，但残破严重。较大的砣形器可能是慢轮制陶工具中慢轮的底座。

另一种器形较小，榫头以下截面呈倒梯形，功能用途不明。

（三）生活用具

1. 编织物

2件。其一为标本 T0410 湖Ⅲ：15，簸箕。禾科类植物。前端有木质边骨，宽约 34 厘米，后端起角。另一件出土于独木舟东南侧约 2 米，保存较好，出土时色泽鲜黄。禾科类植物。呈梯形，三边残，完整的一边斜向收边。较宽的一侧有 T 形相交的木质条骨编织其中。最宽处约 60 厘米，最窄处约 50 厘米，折叠成双面。这种编织物在国内新石器时代较早期遗址中还是首次发现，有学者认为是独木舟的"帆"，但我认为是独木舟遗迹现场工棚构件的可能性更大。

2. 锥

51件。锥是木器中数量最多的，多为柘木边材制成。分三大类。长10～20厘米。基本造型是两头尖，或一头尖一头扁圆。其中一件锥的尖头上刻有"二八二八"字样的符号，背面为三捺。还有一件锥身上线刻有"之"字形曲折的装饰纹样。锥，一说是攒，可能是古跨湖桥人用来固定头发的。

3. 盘

1件。虽已残破，但形状仍清晰可辨。盘面长方形，微凹，两端略上翘。底部有长方形圈足。残长49厘米、残宽14厘米、高6厘米。

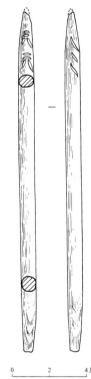

4. 勺

3件。分三种类型。一种圆柄，勺部方形，弧底。另一种方形柄，勺部呈箕形。还有一种勺部略圆，勺形如蚌壳。

5. 铲

1件。铲头较平，略有残损，铲面略呈梯形。扁薄，铲头尤薄，背面平，下面与柄部连接处呈三角形的隆突。柄残，截面为圆形。柄径约5厘米，铲头宽16.6厘米，铲长28厘米。

图4-3-5　木锥
上部有似"二八二八"又似"六六"字样的符号。

（四）其他

1. 独木梯

1件。残。圆木劈半制作，直径15厘米，正面斜劈横斩出踩足台面。上端在第一台面处断，第一台面与第二台面间距21厘米，第三台面残，残处与第二台面的间距约 24 厘米。台面深约 9 厘米，部长 52 厘米。独木梯的发现，是跨湖桥时期已经出现干栏式建筑的重要证据。

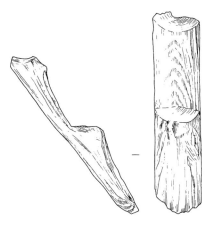

图 4-3-6　独木梯

2. 桨

5 件。分两种类型。第一种器形较厚重。柄部粗短，桨部较长，加工不精。另一种器形较轻便。柄长，桨部宽扁，一面略平，另一面弧凸；柄部下小上大，表面多棱凸，未经修整；桨面扁薄，面光；根部的柄断面略呈扁圆形。完整器长度均在 1 米以上。

3. 叉形器

1 件。器身呈圆棍状，一端残，一端凿成双尖叉形。硬质木材制成。残长 26 厘米、圆径 1.2 厘米。

此外还有刀形器、哑铃状器、凹形器、钉形器、双尖器、棒杆形器、管形器、尖槽形器、槌形器、浮标及若干不明器。

第四节　骨角器

骨角器以动物肩胛骨、肢骨、肋骨、头骨及鱼骨、鹿角为原料，采取切、割、削、磨等方法，根据需要加工成生产、渔猎、生活用具等。出土 100 余件，有耜、镞、镖、锥、针、匕、匙、哨、叉等。

（一）生产工具

1. 耜

4 件，其中完整器 1 件，残器 3 件。另有采集骨耜 1 件。耜是用于铲地翻土的工具，是农耕时代出现的标志。骨耜用大型哺乳动物的肩胛骨制成，肩臼部凿

1. 跨湖桥遗址发掘出土

2. 跨湖桥遗址采集

图 4-4-1　骨耜

孔,以插装法安柄,棘突部位均经修削,利于铲土。这些耜的下端在使用过程中或折裂,或磨损,有的原状已不详。其中一件比较完整,刃部及下端的上下壁因长期使用磨损严重,孔在臼端中部,上大下小。高 15.2 厘米,刃部宽 8 厘米,孔径 2.4 厘米,深约 10 厘米。采集的骨耜呈狭长形,长 30 厘米,制作、使用方法与发掘出土的完全一致。

2. 锯齿形器

2 件。用动物肢骨的骨壁切、削、磨成。标本 T0410 ⑦ A ：14,完整或残后经修削。一端削斜尖,削痕未磨,穿一小孔,另一端圆润带齿。两侧切割成均匀的锯齿状,齿尖圆钝。此类器物在史前遗址中尚属首次发现,功能用途不明,推测是一种绕线工具。

3. 匕

10 件。肋骨精磨,形扁薄。分两种类型。第一类有 7 件,平面略呈长方形。标本 T0410 ⑧ A ：3,完整。两端略有宽窄,宽端钻一小孔。纵向略有弯曲。长 15.4 厘米,中宽 2 厘米。第二类有 3 件,平面呈长三角形。标本 T0411 湖Ⅲ：5,完整。磨制光滑,尖端愈薄。长 18.2 厘米、宽 1.7 厘米。

4. 组合器

1 件。在一截动物肢骨的髓腔一端插入一截骨棒,另一端是否有对称的一截尚不得而知。通体经抛光处理，十分光亮。通长 8.7 厘米，圆径 2.7 厘米。这种将两件不同的骨料组合起来的器物在史前遗址中是稀见之物，组合的部位至今仍很坚固，不知是使用了黏合剂，还是利用了骨髓的咬合力。该组合器形同某种机械上的手柄，功能有待考证。

5. 叉形器

1 件。完整。用动物肋骨切割、精磨而成。依自然形态而略弯曲，窄端切磨出两刺尖，宽端平整。长约 20 厘米，最宽处 2.4 厘米。推测与纺织有关。

6. 锥

24 件，是骨器中数量最多的。

图 4-4-2　锯齿形骨器　　　　图 4-4-3　骨匕

图 4-4-4　骨柄状复合器

分三种类型。第一类有 16 件，用肢骨片切而成，一端削尖，多不规整，留有片切疤痕。第二类有 5 件，利用兽类骨头、鱼骨的自然形态磨成尖锐状。第三类仅 3 件，利用鹿尺骨的自然形状，将远端截断削磨成尖锋状，近端为自然手柄，状如匕首。

（二）渔猎工具

1. 镖

4 件。用骨或角锯切、磨制而成，两翼置倒钩。标本 T0411 ⑥ A：5，截面略呈三角形，锋部较钝，两翼各有两排倒钩，尾部残。残长 10.6 厘米。

镖是一种捕鱼的工具，在鱼镖上置倒钩可防止鱼儿脱逃，证明古跨湖桥人已将鱼作为食物的来源之一。

2. 镞

8件。用动物的骨或角锯切、磨制而成。分两种类型。第一类有2件，铤与锋部分段明显。标本T0412⑦A：15，锋尖略残，铤尖。铤长1.5厘米。

跨湖桥遗址的箭镞由石、木、骨三种材料制成。在形制上，木镞与石、骨制成的镞差异明显，木镞均是圆形，石镞、骨镞均为扁状。针对不同材料性能设计制作出不同形状的箭镞，显示出跨湖桥人的聪明才智。

3. 哨

3件。系用禽类肢骨截制。管状，挖孔，其中一件两端分别刻两道、三道槽痕。长5.85～7.3厘米，管径0.9～1.2厘米。三件哨分别挖有一个孔、两个孔、三个孔，孔径均为0.6厘米左右，可以吹奏。跨湖桥遗址采集的两件骨哨与发掘出土的骨哨形制相同。

4. 鹿角器

3件。标本T0512湖Ⅳ：7，残断。长33厘米。宽端钻有纵横孔相通，刻饰四周弦纹，器身有数组由条、角线组成的刻划装饰。

（三）生活用具

1. 针

13件，另有几件采集品。用动物肢骨锯切、磨制而成，形态圆润，多数经抛光处理，尾端都有对穿孔的针眼。推测是先在选定的骨料上钻孔再进行磨制。分两种类型。第一类器形细小，有10件。标本T0411⑥A：7，长7.6厘米、径0.3厘米，孔径约0.15厘米，形状与现在的金属针相仿。第二类器形较大，共3件，形状与第一类一致，但制作更为精致。标本T0410⑥A：1，长17厘米、直径约0.3厘米，孔径约0.18厘米。针头尖，中间略鼓，尾部稍收。器身呈深褐色，

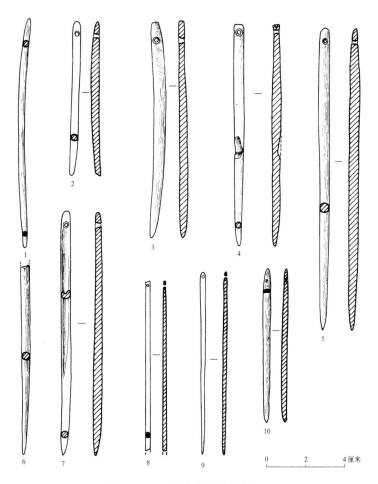

图 4-4-5 各种形制的骨针

表面经打磨抛光。

2. 钉形器（或称笄）

15 件。用骨壁较厚的肢骨锯切、精磨而成，造型圆润、规整，器壁光亮，尖部较钝。分两种类型。第一类有 11 件，尾端稍大，平面保留骨壁的自然形状。最长的 11.1 厘米，最短的 6.9 厘米。第二类有 4 件，器身圆直，尾部与器身垂直。最长的 13.5 厘米，最短的 8.3 厘米。这种钉形器或许也是一种笄，用于固定头发。

第五节　动植物遗存

除出土大量器物以外，遗址中还发现了数量众多的动植物遗存，有经过人工驯养的动物，有采集的植物果实，也有人工栽培的水稻。这些动植物遗存的发现，对研究农业起源以及古跨湖桥人的生存环境、食物来源等都具有重要的意义。

（一）动物遗骨

共发现哺乳类、鸟类、爬行类、鱼类等 32 种动物遗骨。哺乳类动物包括猪、狗、水牛、梅花鹿、麋鹿、貉、虎、犀、熊及其他小型食肉动物；鸟类动物包括天鹅、雁、鸭、鹰、雕、丹顶鹤及中小型涉禽等；爬行类动物主要是龟和扬子鳄；此外还有鲤鱼、螃蟹等淡水动物。渔猎野生动物是古跨湖桥人的主要生活来源，其中猪、狗等动物已经开始人工驯养。

1. 猪

猪遗骨的数量在跨湖桥遗址出土的动物遗骨中占有较大的比例。中国社会科学院考古研究所袁靖先生对跨湖桥遗址出土的早、中、晚期三块猪的下颌骨进行比较研究，证实其为家养。

首先是颌骨的形态。研究发现，野猪经过人工驯养之后，饮食习惯和食物结构的改变会引起其体质上的适应改变，具体表现为颌骨缩短、牙齿特征弱化等。但牙齿尺寸的改变比骨骼尺寸的改变要缓慢，换言之，骨骼更早适应食性变化而产生改变，而牙齿则是保持遗传特征比较稳定的部位。前面提到的三件猪颌骨标本，齿列明显扭曲，显示出因为下颌缩短而造成牙齿排列凌乱，可以作为家猪的判断依据。

其二是牙齿的尺寸。从跨湖桥遗址出土猪的下颌第三臼齿的测量尺寸看，除早期 3 个超过 42 毫米的数据推测属于野猪以外，其余包括早期在内的 10 个数据都属于家猪的范畴。从尺寸变化趋势看，家畜化的过程表现得较为明显。

图 4-5-1　猪的下颌骨

其三是年龄结构。从跨湖桥遗址猪的年龄结构统计可以看出，早期到晚期有明显的逐步年轻化的过程。如 2.5 岁以上的猪由早期的 87.5% 降低到晚期的 45%，平均年龄由早期的 4.6 岁降低到中期的 3.5 岁，再降低到晚期的 2.9 岁。这一变化过程使人很容易推测其为家猪。

以上几点证明跨湖桥时期已经出现了家养猪，这是南中国地区目前发现的最早的家养猪。

2. 狗

跨湖桥遗址出土的狗的齿列可分为早、中、晚三期。早期仅有 2 个数据，分别为 66.3 毫米和 65.65 毫米；中期有 4 个数据，最大值为 70.72 毫米、最小值为 62.57 毫米、平均值为 65.1 毫米；晚期有 18 个数据，最大值为 72.53 毫米、最小值为 62.31 毫米、平均值为 67.48 毫米。其齿列的长短在早、中、晚三期大致出现了由小到大的变化，但是变化十分微小，可以理解为个体间的生长差异。河南舞阳贾湖遗址距今 9000 ~ 7500 年，其出土狗的齿列平均尺寸为 72.7 毫米。可见跨湖桥遗址狗的齿列明显缩小了。此外，随着时间的变化，跨湖桥遗址狗的数量在全部动物中由少到多，到中晚期占到了 10% 以上。这种同一遗址里狗在全部动物中所占比例明显由少到多的现象，在国内新石器时代遗址中是十分少见的。

3. 水牛

由于目前尚未鉴别出跨湖桥遗址的水牛是否属于家养动物，这里不再展开叙述。但无论从可鉴定标本数还是从最小个体数看，跨湖桥遗址出土的水牛遗骨在全部动物遗骨中所占的比例都是早期较少，中、晚期明显增多，与鹿科类动物呈大体相同的发展趋势。跨湖桥遗址的水牛很可能也属于家养动物。

（二）植物遗存

1.水稻

稻作起源是农业起源研究的重要内容，中国是世界上发现早期稻作最多的国家，受到国内外学术界的广泛关注。跨湖桥遗址出土的古稻是继河姆渡遗址稻作遗存发现以后长江下游地区发现的最早的稻作遗存,在深入研究稻作农业的起源，进一步认识古稻的生物学特性及演化等方面具有重要意义。

稻作遗存在跨湖桥遗址分布比较广，T0409、T0411、T0512、T0513 等 5 个探方中都发现数量较多的稻谷、稻米和稻谷壳等。遗址土壤中淘洗出的 1000 余粒稻遗存中，稻谷 196 粒，占 18.4%；稻米 369 粒，占 34.7%；谷壳 498 粒，占 46.9%。这些遗存来自遗址的第⑤层到湖Ⅳ层，其中 93.8% 来自第⑧层到湖Ⅳ层。

跨湖桥遗址出土的稻谷长、宽和长宽比分别为 6.89 毫米、2.58 毫米和 2.74；稻米的长、宽和长宽比分别为 5.13 毫米、1.99 毫米和 2.61。其中稻谷长变异范围为 4.99 ~ 8.65 毫米，宽为 1.46 ~ 3.61 毫米，粒长 7.1 毫米以上的占 40.1%。栽培稻的祖先普通野生稻谷粒的粒长范围为 7.1 ~ 10 毫米，粒宽范围为 1.9 ~ 3.4 毫米。和野生稻比较，跨湖桥遗址古稻谷的粒型较短，50% 以上的稻谷明显不同于普通野生稻；粒宽变异范围增大，既有小于野生稻的，也有大于野生稻的。从粒型分析结果看，跨湖桥遗址的古稻明显区别于野生稻，是驯化后的栽培稻。

2.其他

包括乌菱、四角菱、毛桃、橡子、栓皮栎、梅、栎树果实、白栎、杏子、麻栎、葫芦科、松、南酸枣、芡实、豆科、茶子和蓼等等。这些植物果实大多是古跨湖桥人的采集品，作为补充的食物来源。

第五章
跨湖桥文化的确立

《中国大百科全书·考古卷》对"考古学文化"定义如下："考古学研究中的专门术语，用以表示考古遗存中所观察到的共同体。专门指考古发现中可供人们观察的属于同一时代、分布于共同地区并且有共同特征的一群遗存。比如在考古工作中，发现某几种特定类型的器物，经常地在一定地区的某一类型的居住址或墓葬中共同出土，这样一群有特定组合关系的遗存，即可称为一种'文化'。"

跨湖桥文化虽然文化面貌独树一帜，不同于中国东南沿海地区其他考古学文化，是一种新的发现，但其自发现、发掘到实现文化的确立与命名，却走过了一段曲折的道路。

第一节　跨湖桥文化的提出

1990 年 10 ～ 12 月跨湖桥遗址第一次考古发掘结束后，由于考古人员无法确定遗址年代与其文化类型的归属，于是将遗址出土的标本送到国家海洋局第二研究所进行了 ^{14}C 年代测定。测定结果显示，跨湖桥遗址的年代跨度在距今 8000 ～ 7000 年。这一测定结果立即引起了专家学者们的争议。争议的焦点，一是认为跨湖桥遗址出土陶器的工艺技术与此前发现的有 7000 年历史的河姆渡遗址陶器相比显得更为先进，从逻辑上讲年代不会早于河姆渡；二是认为 ^{14}C 测定的数据可能不准确，怀疑测定设备与技术可能有问题。跨湖桥遗址的第一次考古发掘就这样悄然收场，发掘过的遗址也没有被批准保护。

2001 年跨湖桥遗址第二次发掘结束后，为了进一步明确遗址的年代，考古人员将出土的标本送往北京大学再次进行 ^{14}C 年代测定。其结果与 1990 年的测定一致，均在距今 8000 ～ 7000 年。

浙江省文物考古研究所多名专家向我们提出建议，认为可以争取"跨湖桥文化"的命名。其理由可概括为两方面：一是遗址的年代问题。遗址上方的表土是清一色的淤泥（据浙江省水利部门取样研究和考证，这些淤泥是由海相沉积与湖相沉积组成的），现场无任何后期人类干扰的痕迹。浙江大学教授、原浙江省文物局局长毛昭晰先生认为，遗址周边的山体均为石英岩构成，没有石灰岩性质的山体，因此不会对测试标本产生干扰，^{14}C 测定的年代数据应该是非常可靠的。也就是说，跨湖桥遗址的年代应该可以确定，遗址是当时发现的浙江省境内最早的史前文物遗址也可以基本肯定。二是遗址文化类型的独特性。跨湖桥遗址出土陶器的文化面貌与已知的浙江省境内甚至长江下游地区的史前遗址完全不同。河姆渡文化和马家浜文化最早的年代均距今约 7000 年。河姆渡遗址位于宁波余姚，马家浜遗址位于嘉兴，一个在钱塘江南，一个在钱塘江北，二者与跨湖桥遗址的直线距离都在 100 千米以内。三者文化面貌迥异，且年代相距较大，也没有前后的传承关系。跨湖桥遗址与更后期的崧泽文化、良渚文化遗址在文化类型上相距更远。跨湖桥遗址与浙江省境内已发现的史前文化谱系无法融合，如同天外来客一般，是一种非常独特的文化类型。

跨湖桥遗址独特的文化类型引起了专家学者的强烈关注。有专家认为跨湖桥遗址与长江流域的湖南皂市下层以及胡家屋场三、四组等 [1] 遗址在文化面貌上有一定的相似性。这些遗存多使用贴塑法制陶，夹砂陶中含有一定量的炭化植物末，器形有圜底器、平底器、圈足器，不见三足器；釜、罐、圈足盘为主要器类，圈足盘的圈足部分多见镂孔与彩绘装饰，罐类口沿多见盘口形态，尤其罐类双耳在沿、肩部连接的特征颇为相似 [2]。由此认为史前时期跨湖桥与长江流域存在着文化交往的可能性。虽说顺长江而下进行文化传播并非不可能，可毕竟两地间还有

---

[1] 金则恭、贺刚：《湖南石门县皂市下层新石器遗存》，《考古》1986 年第 1 期；王文建、刘茂：《湖南临澧县早期新石器文化遗存调查报告》，《考古》1986 年第 5 期。

[2] 浙江省文物考古研究所：《萧山跨湖桥新石器时代文化遗址》，《浙江省文物考古研究所学刊》，长江出版社，1997 年。

遥远的陆路，何况长江流域其他区域并无相关资料被考古发现，所以此观点尚缺乏可信度与说服力，只能算一种推论。虽然跨湖桥遗址的来源与文化类型的归属尚无法确定，但有一点是省内专家学者所公认的，即跨湖桥遗址在浙江乃至长江下游地区是一种独特的考古学文化类型——跨湖桥类型，完全有理由命名为"跨湖桥文化"。

考古遗址若被命名为文化，表明一个崭新的考古学文化类型被发现且被专家学者所广泛认同，是在考古史上树起的新的标杆，意义非同凡响。协商一致后，浙江省文物考古研究所和萧山博物馆就争取"跨湖桥文化"命名各自向上级部门作了请示，得到了浙江省文物局、杭州市园林文物局和萧山区政府等有关部门的支持。

2002 年 3 月 27 ~ 28 日，由杭州市萧山区人民政府、浙江省文物考古研究所联合举办的"跨湖桥遗址考古学术研讨会"在萧山召开。来自北京大学、故宫博物院、中国社会科学院考古研究所、中国民族大学、中国文物报社、上海博物馆、南京博物院、湖南省文物考古研究所、安徽省文物考古研究所、南京市文化局、浙江大学、杭州市考古所等单位的 40 余位专家学者，以及浙江省文物局、杭州市园林文物局、萧山区政府的部分领导出席了会议。会议期间，浙江省文物考古研究所、萧山博物馆联合在市级文物保护单位江寺举办了"跨湖桥遗址考古发掘成果展"，这是跨湖桥遗址出土文物首次公开展出。同时将大量的标本在另一处市级文物保护单位祇园寺后大殿摆放展示，供与会专家学者研究。

在研讨会上，蒋乐平先生提出了关于命名"跨湖桥文化"的想法，但与会专家学者还是提出了一些质疑。在考察遗址现场和出土遗物之后，有些专家对遗址陌生的文化面貌直呼"看不懂"；有些专家认为陶器的工艺水平具有一定的先进性，对遗址距今 8000 ~ 7000 年表示怀疑，甚至认为只能到新石器中晚期，即距今 6000 ~ 5000 年；有些专家担心遗址曾经被后期的文化层所扰乱，对 ^{14}C 年代测定结果持否定态度……

图 5-1-1　跨湖桥遗址学术研讨会开幕式

主席台就座的从右至左依次为周红英、曹锦炎、周先木、王建满、张忠培、毛昭晰、严文明、鲍贤伦、许申敏、刘颖、陈文锦。开幕式由陈文锦先生主持。

图 5-1-2　介绍发掘情况

跨湖桥遗址第二次考古发掘领队蒋乐平先生作发掘情况介绍。画面右侧是会议主持人曹锦炎先生。

图 5-1-3　与会专家学者到遗址现场考察

图 5-1-4　跨湖桥遗址考古发掘成果展开幕式

图 5-1-5　祇园后大殿内展示的骨角器

图 5-1-6　出土石器

图 5-1-7 与会专家学者研究出土文物

从左至右依次为曹锦炎、毛昭晰、严文明、蒋乐平。

图 5-1-8 张忠培先生等研讨出土文物

后排从右至左依次为陈文锦、张建军、陈元甫、刘斌、吴志强和芮国耀。

图 5-1-9　吴汝祚先生（右）、牟永抗先生（中）、孙国平
先生研讨出土文物

图 5-1-10　学术研讨会会场

图 5-1-11　芮国耀先生介绍跨湖桥遗址第一次考古发掘情况

图 5-1-12　郑云飞博士介绍跨湖桥遗址发现的稻米等农作物及农业生产情况

图 5-1-13　严文明先生作总结性发言

　　面对种种质疑，严文明先生指出："我们不能带着既有的眼光来看待一个崭新的发现。一是跨湖桥遗址的陶器中没有鼎足器，所有的石器都没有钻孔，这说明其年代比较早；二是跨湖桥人的食物主要还是依靠渔猎与采集为主，稻作农业只是一种补充；三是跨湖桥遗址与河姆渡遗址、马家浜遗址和良渚遗址的距离都很近，而文化面貌又与它们完全不同。因此，跨湖桥遗址的年代不会是新石器时代晚期的。这是一个崭新的发现。"但严先生又说，跨湖桥遗址虽然是一种独特的文化类型，但根据考古学的一般原则，它还只是一个孤立的遗址，必须找到与其同类型的文化遗址，知道这种遗址大概的分布范围与来龙去脉，才能正式命名"跨湖桥文化"。

　　严先生的这番话极具说服力。第一，跨湖桥遗址位于一北一南的河姆渡与马家浜两个遗址之间，与二者直线距离都不超过 100 千米，河姆渡遗址与跨湖桥遗址属宁绍平原地区，马家浜遗址则在浙北的杭嘉湖平原。如果这三个遗址是同一时期的，那么它们不可能没有一点交往，也不可能没有一点文化联系。但从跨湖桥遗址的文化面貌看，无论与河姆渡文化还是马家浜文化都是截然不同、互不能容的。第二，假设跨湖桥遗址是晚于河姆渡和马家浜遗址的，可是它与新石器时代中晚期的崧泽文化遗址和良渚文化遗址也毫无联系。良渚文化遗址在萧山境内已经有多处被发现，如位于进化镇的茅草山遗址、义桥的虎爪山遗址、河庄镇的蜀山遗址等。这些遗址与跨湖桥遗址的直线距离都在 20 千米以内，若是年代相同，怎么可能在文化类型上存在这么大的差异呢？由此可以排除跨湖桥遗址为新石器时代中晚期遗址。

　　经过热烈的讨论，会议得出了基本的结论：第一，跨湖桥遗存的文化面貌十分新颖独特，其器物群基本组合、制陶技术、彩陶风格等皆不同于浙江省境内任何一支已知考古学文化，自成一个整体，是浙江史前考古的崭新发现。由于其文化面貌的特殊性，可以把它看成一个单独的文化类型，即"跨湖桥类型"。但限于目前相关的遗址仅发现一例，遗址的基本分布范围尚不明了，因此还不具备文化命名的条件。第二，跨湖桥遗存的发现表明浙江境内新石器时代文化的情况绝非以前认识的那么简单，可能有多个源流谱系，它们之间的关系是今后研究的一个重要课题。第三，专家学者对跨湖桥遗存的来源问题进行了比较与分析，认为跨湖桥遗存和长江中游湖南皂市下层及胡家屋场三、四组文化有较多的相似因素。这为探讨两地的文化关系提供了重要线索，也为研究当时整个长江流域的文化格局以及此后的变迁提供了重要线索。第四，与会专家学者认为诸如跨湖桥遗址的陶器制作技术水平，骨角器、木器、石器和动物遗存，以及多种遗迹现象所反映的经济、社会生活，彩陶、黑皮陶等文化现象的源流等，都有待加强研究。此外，与会专家还就开展第四纪地质地貌、植硅石分析等多学科综合研究，以及跨湖桥类型遗址的进一步野外考古调查等提出了建议。

此次会议虽然未能实现"跨湖桥文化"的命名，但与会专家学者都基本肯定跨湖桥遗址是一个非常重要的崭新发现，也认可其为独特的文化类型——跨湖桥类型。跨湖桥遗址的发现打破了浙江史前考古学传统的理论与史前文明的源流谱系，为浙江史前遗址的考古研究树立了一个新的标杆。

图 5-1-14　跨湖桥遗址考古发掘成果新闻发布会

图 5-1-15　严文明先生向媒体公布跨湖桥遗址考古发掘成果和研讨结果

图 5-1-16　周红英副区长就跨湖桥遗址的深入研究与保护做出郑重承诺

此次会议还有一个非常意外的收获，即为跨湖桥遗址参加"2001 年度全国十大考古新发现"的评选奠定了基础。因为与会专家学者一致肯定了跨湖桥遗址的重要性，于是我与浙江省文物考古研究所副所长陈元甫先生商议，看能否申报 2001 年度的全国十大考古新发现评选。陈元甫先生认为虽然之前浙江省文物考古研究所提交的申报名单中并没有跨湖桥遗址 [1]，但是应该进行补报。此举也得到了发掘领队蒋乐平先生的赞同。于是陈元甫、蒋乐平和我一起，代表浙江省文物考古研究所和萧山博物馆，请正在会场的中国文物报社副总编辑曹兵武先生以电话的形式向

---

[1]　当时浙江省文物考古研究所只申报了杭州雷峰塔遗址和桐乡新地里良渚文化大型墓葬群两个考古项目。

图 5-1-17 2002 年 5 月 6 日，周红英副区长（右一）在"2001 年度全国十大考古新发现"颁奖仪式上领奖

评选活动的组织单位国家文物局和中国文物报社补报了申请。同年 4 月 12 日，跨湖桥遗址考古被评为"2001 年度全国十大考古新发现"。

"2001 年度全国十大考古新发现"有四个项目都出在杭州，除了跨湖桥遗址外，还有雷峰塔遗址、老虎洞窑址、南宋恭圣仁烈皇后宅遗址。其中跨湖桥遗址、雷峰塔遗址是由浙江省文物考古研究所主持发掘，老虎洞窑址和南宋恭圣仁烈皇后宅遗址则是由杭州市文物考古所主持发掘。一个城市在同一年有四个考古项目列入全国十大考古新

图 5-1-18 "2001 年度全国十大考古新发现"证书

发现，这在全国范围内是绝无仅有的。因此，国家文物局将颁奖仪式安排在杭州举行。

第二节　跨湖桥文化的命名

为了实现"跨湖桥文化"的早日命名，争取尽快找到与跨湖桥遗址同类型的文化遗址，浙江省文物考古研究所与萧山博物馆联合组队，于2002年6月起进行了为期一年的大规模考古调查，调查范围包括湘湖区域以及所前、义桥、蜀山等镇与街道。2003年5月10日，通过市民倪航祥先生提供的线索，考古队在湘湖区域的下孙自然村发现了与跨湖桥遗址同类型的文化遗址——下孙遗址。2003年11月～2004年1月，考古队对下孙遗址进行了正式发掘。出土遗物经 ^{14}C 年代测定距今约8000年，与跨湖桥遗址年代相当。下孙遗址的发现与发掘，为跨湖桥文化的命名提供了基本依据。

2004年，萧山区文广局将跨湖桥文化命名列入年度重点工作计划，并拟定由杭州市萧山区政府与浙江省文物考古研究所联合召开第二次学术研讨会，在会上实现跨湖桥文化的命名。有了2002年第一次学术会议的经验，我认为必须提前做好两项工作：一是《跨湖桥》考古报告必须赶在会前出版，这是打响文化命名这一炮的"炮弹"；二是必须事先征得国内考古界权威人士的认可。我将这一想法与浙江省文物考古研究所所长曹锦炎先生进行了沟通，并据此与发掘领队蒋乐平先生于6月和11月两次赴北京进行相关工作。

第一次赴京是与文物出版社商议《跨湖桥》考古报告的出版时间。原计划报告的出版时间是2005年的五六月份。我向责任编辑李克能先生提出，希望出版社能突破常规操作，将原计划的出版时间提前到2004年11月底。此要求得到了文物出版社领导的大力支持，7月上旬，李克能先生专程赴萧山指导报告的编排工作，明显提高了工作效率。曹锦炎先生将蒋乐平先生专门安排到萧山博物馆，使其能全身心地投入到报告的编写中。萧山博物馆负责后勤保障，并派员参与文物修复、绘图、拍照等系列工作。2004 年 12 月初，《跨湖桥》考古报告正式出版。从下孙遗址发掘结束到报告出版仅用了半年多，创下了当时国内考古报告出版时间最短的纪录，领导兴奋地称之为"萧山速度"。重发掘、轻报告是以往考古界的通病，很多考古项目的研究报告往往要数年甚至数十年后才出版。曹锦炎所长力求改变这一弊病，要求考古领队们发掘一个项目就要编写完成考古报告。《跨湖桥》考古报告的及时出版，就得益于这个强有力的举措。

报告出版时间落实后，我又与曹所长商议，认为会前沟通的领军人物最好是严文明先生。严先生在第一次学术研讨会上对跨湖桥遗址考古成果的评论非常科学客观，令人信服。所以我请曹所长事先与严先生沟通，把跨湖桥考古第二次学术研讨会的筹备情况和会议想实现跨湖桥文化命名的目的告知严先生。临近 11 月，曹所长告知我，严先生表示跨湖桥遗址很重要，会议他一定会参加，但文化命名为时尚早。为此，我主动请缨，再次赴京，并请曹所长嘱咐正在文物出版社校对书稿的蒋乐平先生，带上下孙遗址的发掘资料与我一起去见严先生。

当我和蒋乐平来到严文明先生家时，严先生还是认为跨湖桥文化的命名为时尚早。他说考古工作不能再做"瞎子摸象"那样的事，不能因为发现了一只象腿就肯定这是一只象了，否则在发现象首、象身后就会闹笑话。这种情况在以往的考古工作中已经发生过很多次，不能再犯了。跨湖桥遗址是一个非常重要的遗址，是一次重要的发现，但目前仅发现一处遗址，还不知道其来龙去脉和大概的分布范围，命名"文化"的条件还不成熟。我告诉严先生，从 2002 年 6 月起，我们用了整整一年的时间进行调查，目前已经找到了与跨湖桥遗址同类型的下孙遗址。而且我们还在跨湖桥遗址发现了独木舟及相关遗迹，跨湖桥遗址的考古报告也将在年内出版。严先生在听取蒋乐平关于下孙遗址的发掘情况汇报并仔细审阅了文字材料后，脸上渐渐露出了赞许的神色。我又解释道，通过再次召开跨湖桥遗址考古学术研讨会的机会命名"跨湖桥文化"，这种做法看起来确实像是一种行政手段，但我们一定会充分尊重学术的严肃性，尊重专家学者的意见。对此，严先生表示认可。

图 5-2-1　跨湖桥考古学术研讨新闻发布暨《跨湖桥》考古报告首发式

2004 年 12 月 16 日，第二次"跨湖桥考古学术研讨会"在萧山举行。与会的 40 多位专家学者看到新发现的独木舟及相关遗迹后，都非常兴奋。大家对跨湖桥遗址考古工作所取得的成就和《跨湖桥》考古报告的出版给予了高度的赞扬，并普遍认为跨湖桥文化命名的条件已经具备。在第二天举行的"跨湖桥考古学术研讨新闻发布会暨《跨湖桥》考古报告首发式"上，严文明先生代表与会专家学者宣布了"跨湖桥文化"的命名。一个崭新的考古学文化概念从此诞生。

第三节　跨湖桥文化确立的意义

（一）学术意义

跨湖桥文化新颖独特的文化内涵与极具个性的文化特征，对浙江乃至长江下游新石器时代考古学文化类型及相互关系的研究有着极其重要的意义。

在跨湖桥文化被确认之前，以罗家角④层为代表的马家浜文化早期遗址和以河姆渡④层为代表的河姆渡文化早期遗址，是钱塘江南北两岸并行发展的两支浙江省境内最古老的新石器时代文化，这是考古学界的共识。跨湖桥遗址的发现与跨湖桥文化的命名彻底打破了原来所认识的浙江史前文化的基本脉络与格局，表明浙江省境内新石器时代文化类型应该有多个源流谱系。随着考古工作的进一步深入，早于跨湖桥遗址的浦江上山遗址和嵊州小黄山遗址陆续被发现，跨湖桥文化的源头也得以确认。而跨湖桥文化的去向又成为新的课题。同时，如何认识跨湖桥文化与河姆渡文化、马家浜文化之间的关系，以及河姆渡文化与马家浜文化的源头等等，都是今后考古学研究的重点。跨湖桥遗址的发现与发掘对浙江乃至长江下游的文明起源研究有着极其重要的价值，对浙江史前考古学研究产生了深远的影响，在长江下游的史前考古史上具有里程碑式的意义。

跨湖桥文化遗址独木舟的发现，彻底打破了国外学者所说的"中国古代没有舟只有筏"的论点。独木舟所处的环境位置，被国家交通部的专家认为是国内发现的最早的"码头"。跨湖桥文化陶器、骨角器、木器、石器、动物遗存以及多种遗迹现象所反映的经济、社会生活情况，南中国地区最早的彩陶、加入盐的成分制作的黑光陶、打磨器物的砂轮等特殊现象，都有着极高的学术研究价值。跨湖桥文化遗址的毁灭，还印证了全球最后一次冰期结束，海平面逐步上升给大陆沿海地区带来海侵的事实。

跨湖桥遗址的发现与跨湖桥文化的命名，打破了浙江乃至长江下游地区史前考古三十余年的沉寂。跨湖桥文化是继河姆渡文化、马家浜文化和良渚文化之后，浙江省境内和长江下游地区发现的又一个新石器时期文化，而且是当时发现的时代最早的新石器时期文化。它把浙江的文明史又向前推移了约1000年，再一次有力地证明了长江流域也是中华文明的重要源头。

（二）社会意义

跨湖桥遗址是萧山先民留下的宝贵财富，显示了萧山悠久的历史与深厚的文

化底蕴，是开展历史教育、乡土史教育的素材，为萧山的湘湖景区开发和建设增添了浓厚的文化色彩，是极其宝贵的旅游资源。跨湖桥文化的命名标志着一个崭新的考古学文化概念的诞生，这是萧山文物考古史上取得的一项巨大成就，也是中国考古领域的一项新突破，对推动萧山乃至杭州各项社会事业的发展有不可替代的积极作用。

跨湖桥文化是杭州、萧山极具影响力与代表性的一张历史文化金名片，对萧山开展对外文化交流，促进萧山文博事业发展起到积极的推动作用。

第六章
跨湖桥文化的特征

考古学文化的确立，是依据其文化特征与其他已知的考古学文化特征所存在的差异性。跨湖桥文化与浙江省境内乃至长江下游地区的史前文化存在着明显的差异，内涵丰富，特征明确，整体性强，文化面貌独树一帜，是一种崭新的发现。

第一节　器物

（一）陶器

陶器是史前考古学文化最具代表性的器物之一。在遥远的史前时期，由于地理环境、气候等自然条件不同，交通不便，生产力落后等客观因素，久而久之，在一定范围内的聚落人群就形成了自己的文化圈。在所有史前遗址遗物中，陶器的生产有别于其他器物。陶器是泥土在火的作用下发生质变而成的器物，是人类历史上第一种"认识世界，改造世界"的伟大发明。早期陶器的成型制作过程充分反映了人们定居生活的需求，体现了人们对于美的认识，对自然诸多现象的认识，还体现了人们的宗教观念和精神寄托。也就是说，陶器的生产过程夹杂着人的主观意识，所以其文化内涵极为丰富。在玉器时代以前，综观史前文化遗址的各种遗物，如新石器时代主要的工具——石器等，在形制和使用功能上都大体相同，唯独陶器区别最为明显。因此，陶器是文物考古类型学中的重要研究对象，是区分文化类别的主要依据。跨湖桥文化之所以能被命名，其主要的依据就是遗址出土的陶器。

1. 造型特征

跨湖桥文化遗址出现了一批其他史前遗址不曾发现过的器物造型，如双系折腹釜（也有称罐）、高圈足喇叭口黑光陶豆等。罐、釜、钵等器物的造型也与河姆渡、马家浜等文化遗址有明显区别。

2. 装饰工艺特征

彩陶是跨湖桥文化陶器最重要的品种之一。东南沿海地区的新石器时代遗址中，尚无其他遗址发现如此丰富的彩陶。跨湖桥文化彩陶罐往往在折肩以上施衣作彩，浅盘器则在内壁作彩，施彩区的边缘均以带彩分隔，这种在浑圆之中进行彩纹布局的特色体现了跨湖桥文化彩陶对视觉效果的特殊追求。彩陶作于陶衣之上，因此陶衣也是跨湖桥彩陶文化的构成元素之一。厚彩、薄彩的彩料之分以及点彩等别具一格的纹饰，构成了跨湖桥遗址彩陶浓郁的自身特色。

漆黑光亮的黑皮陶也被称作黑光陶。跨湖桥文化的黑皮陶表面光亮如漆，与匀薄的胎体结合良好，经测试其中含有盐的成分。漆黑光亮的表皮如同瓷器的釉一般，不仅满足了审美需求，同时又便于清洗。黑光陶钵外壁再施红彩，既美观又实用，体现了跨湖桥陶器的制作水准。

印纹陶的存在也是跨湖桥文化陶器的显著特征之一，这是中国目前发现的年代最早的印纹陶器。菱形、方格的拍印纹陶器在浙江新石器时代遗址中极为罕见，余姚鲞架山遗址有与印纹陶相似的零星陶片发现，但是否属于拍印纹饰尚不能确

1. 双系釜

3. 红衣灰陶豆

2. 黑皮陶豆

图 6-1-1　跨湖桥文化特有的陶器

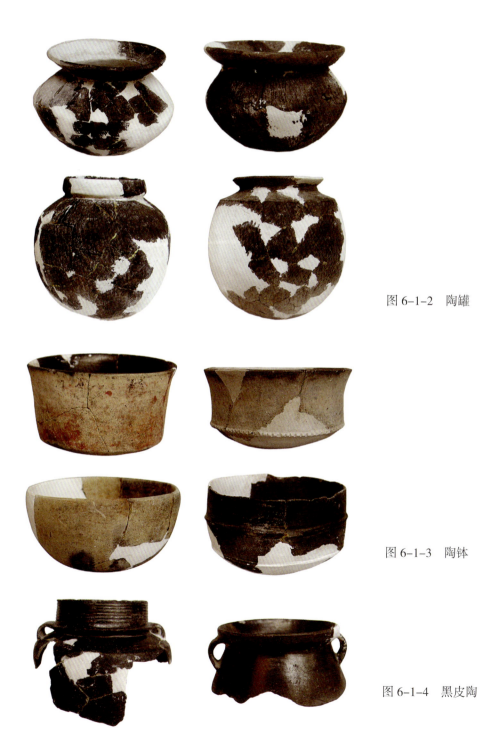

图 6-1-2　陶罐

图 6-1-3　陶钵

图 6-1-4　黑皮陶

定。其他地区大多在新石器时代末期才出现印纹陶。

3. 制作成型工艺特征

陶器制作工艺以泥条盘筑法为主，辅以分段拼筑、贴筑。跨湖桥遗址出现了慢轮成型或修正技术，把我国这一技术的出现时间又往前推了1000多年。而浙江省境内比跨湖桥遗址年代要晚的河姆渡、马家浜等文化遗址却未见有慢轮制陶的遗物出现，可见它们之间未有传承关系。

4. 器类与器形特征

釜、罐、钵、盘、豆为基本器类，线轮、纺轮别具特色。陶容器以圜底器、圈足器为主，平底器少见，不见三足器。未见带足的鼎类器，是跨湖桥遗址年代较早的重要依据。

跨湖桥文化陶器具有与众不同的个性特征，是跨湖桥文化最具代表性的器物。

（二）骨、木、石器

骨器数量不多，与余姚河姆渡、诸暨罗家角遗址相比，骨料的取舍、加工和器形的分类特征都基本一致，有耜、纬刀（匕）、哨、针、锥、鹿角器等。跨湖桥遗址的耜采用凿孔插装法安柄，与罗家角遗址相同，而与河姆渡遗址的捆扎安柄法不同。跨湖桥遗址钉形器形制独特，除了骨制的，还有硬木制的，两者大小相仿、形制一致，是用于固定头发的笄，还是有其他用途，尚待研究。

因保存条件限制，一般新石器时代遗址中木器发现较少，相关的研究比较缺乏。跨湖桥遗址得益于保存环境特殊，发现了诸多的木质文物和其他有机质遗物。《跨湖桥》报告中编为A、B型的锥，风格统一，出土数量多，以扁薄形式出现的Aa、Ba型锥尖端多见弯折，应该与使用方法有关[1]。其中还发现带有刻划符号、刻划纹饰的标本，对确定其功能具有参考价值。其他如双尖形器、管形器、砣形器、哑铃形器均未见于其他史前遗址，功能有待研究。木质管形器可

---

[1] 浙江省文物考古研究所、萧山博物馆：《跨湖桥》，文物出版社，2004年。

能是一种吹奏乐器。一件较大型的砣形器上部榫凸有磨损，似与转轴有关，可能是慢轮制陶用的轴承底座。弓是与镞搭配使用的，我国旧石器时代晚期遗址中已经发现用燧石片制作的石镞，新石器时代遗址中石镞屡见不鲜，但弓十分罕见。跨湖桥遗址发现的木弓虽已残损，但特征鲜明，弓桁完整，采用桑木边材料制作，外捆扎树皮并涂抹似漆的树脂增加强度，说明当时木弓的制作技术已经比较成熟。

与出土数量较多的木质锛柄相应，石器中石锛的数量最多。跨湖桥独木舟遗迹中发现数件木质锛柄，这是石锛作为独木舟或其他木器加工工具的重要证据。斧、锛之分在于锋刃的偏与正。跨湖桥遗址几件特征明确的石斧，器身多呈浑圆，便于手握，顶部不见捶击的疤痕，也不见配套的木质斧柄，可见属于"手斧"。此外，石锤也是跨湖桥文化石器的代表之一。

第二节　遗迹

（一）建筑

跨湖桥遗址的建筑遗迹主要分布在1990年发掘的遗址中心区，共揭示四处房址遗迹和多处相关的建筑遗迹。由于发掘区范围的局限，遗迹的揭露不完整，但还是反映了定居生活的一些特征。

木构建筑是主要建筑形式，以成排的柱子（洞）为标志。2002年发现的"独木梯"是干栏式建筑存在的一种间接证明。建筑遗迹F4是以木桩立骨的土墙式建筑，这是一种地面建筑形式，非常独特。

下孙遗址密集型的柱洞与灰坑应该也是建筑遗迹，只是被海潮所冲毁。

（二）独木舟及相关遗迹

在文化特征及文化成就的反映上必须再次提到独木舟，一是因为这是大陆沿海与东南亚地区迄今发现时代最早的一条独木舟,二是遗址所在的古越地区素以造舟著称。远古时代,居于亚洲东部沿海的族群,史书概称为"夷"。《越绝书》卷三:"习之于海。夷,海也。"可见"海洋文化"是"夷"的一个鲜明特征。跨湖桥遗址出土的独木舟,证明中国大陆的东南沿海地区是世界上最早发明、使用独木舟的地区之一。独木舟相关遗迹提供了丰富的考古信息,是跨湖桥遗址最具价值的文化遗迹。独木舟形制独特,制作精良,绝不是初创期的产品,与其同时发现的诸多近似现代的木桨,也说明该独木舟的制作已经相当成熟。由此我们推测,独木舟的起源可能还要往前推数百年,乃至上千年。

(三)别具一格的橡子窖藏

1990年发掘区发现的橡子窖藏坑口设有"井"字形木构,从坑口边长65厘米,深50厘米,底部边长约70厘米的体积测算,可存放橡子果实百余市斤。史前时期的窖藏多为简单的挖一深坑,少有在窖藏口构筑木架的。木构架可以防止土坑坍塌,若加上盖子还可防止储藏的食物被其他动物偷吃。这个精心构造的窖藏,也说明了橡子是当时人们重要的采集果实。

第三节 经济形态

(一)稻作农业

稻作农业的证据有两个方面,一是具有栽培稻特征的稻米颗粒及相应的植物硅酸体的发现,二是以骨耜为代表的稻作农业工具的发现。稻谷与稻米显示出栽培稻的特征,与现在的籼稻相似,相应的植硅体形状却接近粳稻。同时还存在粒形上接近野生稻的稻谷。栽培稻标本在跨湖桥遗址的早期地层已经发现,说明从那时就开始了稻作生产实践。中期地层发现集束状带茎秆的稻禾标本,所存均为秕谷,说明栽培稻处于原始的低产量阶段。尽管各地层所采集的稻米标本有多有少，但不足以证明农业产量的本质变化。可以确定的农业生产工具只有骨耜，这也是农耕时代出现的标志。

（二）采集经济

跨湖桥遗址出土了菱角、核桃、酸枣、芡实等多种可供食用的野生果物，特别是发现较多橡子窖藏坑。橡子坑的制作相当考究，先挖出筒状或袋状的坑，口部乃至边壁再用木料搭成框架结构。许多橡子坑被二次利用，坑口形成焦积的锅底状灰烬，说明橡子坑的使用不是长年的，而是具有季节性的。由此，研究者对橡子坑的性质做出推断，认为它可能不仅是一般意义上的储藏坑，同时也是针对橡子食性的一道加工程序。因为橡子中包含的鞣酸味涩，只有通过在水里浸泡才能够消除。

（三）渔猎经济

跨湖桥遗址 2001 年、2002 年发掘区共发现 32 个种属的动物遗骨 5000 余块，许多哺乳类动物遗骨有火烤遗留的黑焦面，肢骨端部砸断的现象也比较普遍，反映了烧烤食肉和吸食骨髓行为的存在，说明了渔猎经济的重要地位。遗址出土的明确的狩猎工具有弓、镞、镖等。浮标的发现，说明当时已经出现结网捕鱼的行为。骨叉的功能可能与结网有关。

（四）牲畜的饲养

明确的家畜有猪、狗。跨湖桥遗址的家猪是迄今为止发现的南中国地区最早的家养猪。

（五）原始纺织

河姆渡遗址出土的骨匕被定为纬刀，这种纺织工具在跨湖桥遗址同样存在。

跨湖桥文化

跨湖桥遗址出土的陶线轮虽然不能完全确定用途，但其中发现纤维质线圈，必然与纺织有关；哑铃形器中段的浅痕应该是绳线牵引留下的痕迹；木质棒形器两端的槽额是用来捆绑绳索的，可能是原始纺机的构件。结合遗址中出土的纺轮、线轮等与纺线相关的器具，可以基本肯定跨湖桥时期已经出现了原始的水平式踞织机。

第四节　艺术与宗教

（一）大型陶器的祭祀功能

遗址出土的内壁施彩的陶豆、圈足盘可能属于祭器。尤其一件大型的红衣圈足陶盆，口部直径超过55厘米，如此大的器皿，肯定是聚落群体祭祀活动时所用的容器。类似的大型器物还有不少，如大型的木盘等。

（二）彩陶中的太阳纹、火焰纹图案

原始艺术的出现，除了满足人们的审美需求外，更大的推动力是原始的宗教信仰。跨湖桥文化的艺术性最直观的反映在他们制作的陶器上。彩陶的出现不仅满足了人们对审美的追求，更是表达思想情感的方式。跨湖桥人创造性地用矿物颜料在陶胎上绘制图案，经过焙烧后形成色彩鲜艳的彩陶器，原始的彩色绘画艺

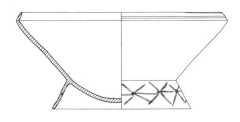

图 6-4-1　大型红衣圈足陶盆

口径约55厘米，高约40厘米。圈足上排列的出气孔外侧刻划了四射的光芒，是跨湖桥文化太阳纹的另一种形态，类似纹样在其他陶器中也非常多见。

图 6-4-2　遗址出土的铁矿石
这种泛红的铁矿石经提炼后便成为矿物
颜料，矿物颜料的使用对后世的绘画艺
术产生了深远的影响。

术诞生了。

　　直观上看，跨湖桥遗址彩陶器上的圆圈、
放射线组合图案，包括镂空、刻划放射线图案，
都以太阳为模仿题材。施于豆盘内底的红彩
大圆圈可能也是种太阳纹。这可能是源于对
太阳的崇拜。火焰纹的特征十分明确，或许
反映了一种拜火心理。太阳与火在光热上存
在统一性，因此太阳崇拜的宗教核心可能是
对光与热的祈祷。

　　跨湖桥遗址彩陶豆、盆显然是因祭祀需
要应运而生的，所绘的图案必定与祭祀对象
有关。那么除了放射形的太阳光芒，弧形的
水波纹是否也表现了对水的崇拜呢?

（三）陶器、木器上的原始符号

　　跨湖桥遗址出土的一件双耳折腹陶釜肩部
对称双耳下各有一个"田"字形符号，一件木
锥端部正反两面刻有"二八二八"字样的符号，

图 6-4-3　跨湖桥遗址最形象的
　　　　　太阳纹彩陶片

图 6-4-4　跨湖桥遗址彩陶豆
隐约可见中间圆形的太阳，光芒四
射呈几何形。

十分特殊。这种带有文字色彩的符号表达了什么意思？它是否与文字的起源有关？或者与阴阳八卦有什么渊源？虽然只是猜测，但这些符号与汉字有着极其相似的特征，应该也与祭祀相关。

（四）建筑 B 的宗教性质

建筑 B 位于跨湖桥遗址第一次发掘区的核心，是一种分层的台形建筑，平面略呈圆形。该建筑共分 19 层，每层都发现一个烧土面，是一种烧火的痕迹。筑台的过程实质上表现为烧土面的递增过程。发掘者认为，土台是伴随周围的地层堆积逐渐形成的。从实用的功能角度理解烧土面的意义较难，因为屋外炊煮场所不太可能形成如此稳定、独立的台形结构，推测是当时举行火祭仪式的场所[1]。

第五节　饮食起居

跨湖桥文化遗址的遗迹、遗物非常丰富，涉及建筑、舟桨、作坊、工具、农具、武器、乐器、炊具、餐饮具，以及动物遗骨、植物标本、稻谷颗粒、湖岸沿线、海潮沙滩等等，几乎涉及跨湖桥人生活的方方面面，只有墓葬、公共祭祀场所未被发现。通过这些信息，我们可以勾勒出跨湖桥人大致的生活情景。

进食果腹是生灵动物求得生存的本能，人类亦然。在远古时期，跨湖桥区域以丰富的自然资源和良好的气候条件为人们的生存与繁衍提供了保障。跨湖桥人不仅能获得丰富的动植物资源，而且已经发展了较为原始的农耕种植，弥补了人口增加、季节更替可能出现的食物短缺。他们在饮食方面已脱离了"茹毛饮血"的野性饮食习俗，陶釜等器物底部的火烧痕迹便是直接的证据，有一件陶釜中还残留着煮烧后的锅巴。

---

[1]　浙江省文物考古研究所、萧山博物馆：《跨湖桥》，第 28 ～ 30 页，文物出版社，2004 年。

钵是主要的"餐具"，大小与如今使用的碗相当。豆、圈足盘是盛"菜"的器皿，容量也不大，仅供几个人使用。此外跨湖桥遗址中房屋遗迹显示的面积也容不下太多的人混居。据此推断，跨湖桥时期已经出现了似家庭式的社会结构，以家庭成员或亲属为群体。

（一）渔猎

野生动物是跨湖桥人主要的食物来源，狩猎是维持生存的基本保障。

跨湖桥遗址地处江南水网地带，水生动物十分丰富，是跨湖桥人重要的食物来源之一。跨湖桥人捕鱼可能是男人单独进行，也有可能是男女合作。他们有时划着独木舟到河湖中用安装着渔标的杆子捕鱼，有时在岸上用渔镖扎鱼。他们经常抓获龟、鳖等爬行动物，甚至能捕获扬子鳄这样凶猛的动物。除了淡水鱼，独木舟偶尔还会远行到海中捕捉一些海洋鱼类。

由于长期定居，聚落附近的动物已经逐渐被猎杀殆尽，为了生存，跨湖桥人必须奔向远处的丛林才能捕杀到猎物。清晨，一群男人手持弓箭、骨匕、石刀等武器到远离聚落的地方狩猎，大型的野生动物是他们的重点捕杀对象。当时野生的水牛、梅花鹿、苏门羚等相对温性的大型食草动物数量较多，人们以群体合作的形式进行捕获。捕获数量多时，或者活捉到未成年的幼小动物时，就将其圈养。圈养的野猪生了仔，再将猪仔养大，慢慢驯化成为家猪。若遇到老虎、豹子、熊等凶猛的野兽，就用弓箭等武器将其围猎射杀，兽肉族人共享，兽皮则可用来御寒。有时候捕杀不到大型动物，猎人们也会捕捉一些小型的哺乳动物，或是用弓箭射杀天鹅、鹰、鹤、鸧等飞禽以果腹。

大型野生动物从捕获到进入人们的口中，需要经过"剥皮、分割、剔肉等多种屠宰、加工"[1]步骤，再由聚落首领分发给每家每户。通过对跨湖桥动物遗骨

---

[1]　施梦以、武仙竹：《浙江萧山跨湖桥遗址动物骨骼表面微痕与人类行为特征》，《第四纪研究》2011年第4期。

上遗留的人工改造痕迹研究，发现有"肢解性切割痕迹、剥皮性切割痕迹、剔肉性切割痕迹、砍斫性痕迹骨料锯切性痕迹和动物改造性痕迹"数种[1]。前四种都是人工切割遗留的痕迹，后一种"动物改造性痕迹"则是狗啃咬后留下的。也就是说，跨湖桥人在享食动物时，会用石器把骨头砸碎吸食骨髓，并且把剩余的骨头喂狗。多样的人工切割痕迹，说明跨湖桥人掌握了多种屠宰动物的技术手段。而狗咬骨头遗留的痕迹不仅反映了跨湖桥人对猎物骨肉物尽其用，也说明狗是驯养的动物。

（二）采集与耕作

跨湖桥时期气候温暖，植被繁茂，除了丰富的野生动物，还有极为可观的野生果实，是跨湖桥人的食物来源之一。遗址中发现了十余种野生果实，包括乌菱、四角菱、毛桃、梅子、白栎、杏子、麻栎（即橡子）、松子、南酸枣、芡实、蓼、葫芦等。这些果实或含水分、糖分，或含淀粉，富含维生素。含水分、糖分的果实可口但不宜保存，必须即刻食用。含淀粉的坚果则可以储藏保存，以备断粮时食用。果实每年都会生长，且不同的季节有不同的果实，这种自然规律已经被跨湖桥人所掌握，所以采集是一种季节性的劳作。

由于人口不断增长，自然资源减少，狩猎、捕鱼和采集果实渐渐无法满足人们的食物需求。在漫长的岁月里，人们发现野生稻谷的种子落地后会生长出来，且生长期短，没多久就会成熟，于是将野生种子进行播种，人工栽培的水稻诞生，人类社会进入了农耕时代。在远古时代，农业生产是非常艰苦的劳动，且收成如何只能听天由命，但聪明智慧的跨湖桥人用大型动物的肩胛骨制成铲土用的骨耜，使耕作的效率有了很大的提升。也就是说，跨湖桥人已经懂得了土地必须经过翻耕才能播种水稻。

---

[1] 施梦以、武仙竹：《浙江萧山跨湖桥遗址动物骨骼表面微痕与人类行为特征》，《第四纪研究》2011 年第 4 期。

图 6-5-1　遗址出土的植物种实 [1]

1、2.乌菱　6.四角菱　3、4、7.毛桃　5.栓皮栎　8、12.梅　9、13.栎树果实壳斗　10.白栎　11.杏子 14、15.麻栎　16.葫芦科　17.松　18、19.南酸枣　20、21.芡实　22.豆科　23.茶籽　24、25.蓼

[1]　转自浙江省文物考古研究所、萧山博物馆：《跨湖桥》，彩版四五，文物出版社，2004 年。

图 6-5-2 跨湖桥遗址出土的稻米

图 6-5-3 下孙遗址出土的稻米

（三）制造作业

从跨湖桥文化陶器、石器、木器和骨角器等器物的精美程度看，必然有一些技术能手存在，包括房屋搭建、纺线织布等许多技术活也需要能工巧匠来完成。因此，我们认为跨湖桥人在制造作业领域已经出现了分工合作。

1.制作石器

跨湖桥有这样一群匠人，他们将从外地采集或交换来的质地坚硬又细腻的沉积岩石敲打切割成所需的形状，再在磨石上磨制，然后抛光处理，制成石锛、石斧、石凿等工具。敲打下来的边角料则磨制成石镞等小型器物。石器是远古时代主要的工具，而磨制石器是旧石器时代进入新石器时代的标志。跨湖桥文化属于新石器时代较早期，石器的制作已经非常成熟，砍、砸、削、戳等工具与武器一应俱全，不仅实用，而且非常美观。大部分石器经过抛光处理，如同一件件精美的工艺品。跨湖桥人还创造性地使用砂轮磨制石箭镞和精加工其他石器，这也是目前发现的世界上最早的砂轮。砂轮的出现，是人类从纯手工作业向机械作业发展的一个标志。

2.砍伐木作

巨型的树干可以用于制作独木舟，粗大的木料可以用于建造房屋，小的木料可以制作木桨、木盘、木镞等各式工具。男人们用石锛、石斧砍伐树木，再或抬或扛将砍伐的树木搬运到聚落，巨大的树木则推入河中让其漂流到目的地。妇女们则随同捡些树枝当柴火。

由于工具十分原始，制作一条独木舟要耗费巨大的人力与漫长的时间，跨湖桥人采用了非常科学的"火焦法"加快制作。"火焦法"技术难度很高，火烧原木过程中对火候的把握十分重要，稍不注意就会把舟体烧通。跨湖桥的能工巧匠能够把一棵粗大的树木制成平均厚度约3厘米的独木舟，其精致程度甚至超过唐宋时期的独木舟，实在令人惊叹。

3. 搭建房屋

建筑是定居生活的标志，对安定生活具有重要的意义。因为跨湖桥遗址周边的山体基本由石英岩、砂岩组成，无石灰岩山体的天然溶洞，不存在穴居的条件，所以跨湖桥人从定居时就已经搭建房屋了。跨湖桥遗址地处江南水网地带，不适合建造北方的半地下式房屋。跨湖桥人为适应本地环境，或借鉴或创造式地建造了干栏式木构建筑，以及独特的泥墙立柱式房屋。干栏式建筑有防潮、防兽、防虫等功效，是南方潮湿地带最适宜居住的房屋，至今西南地区很多地方仍在使用。我们仿佛可以看到"建筑工人"们忙碌的身影，他们把一根根削去树枝的木柱埋入预先挖好的柱洞，然后塞进石块、填上泥土使柱子稳固，再架起横梁，盖上草屋顶，安装好独木梯。在众人的欢呼声中，又一处房屋宣告落成。

图 6-5-4　独木梯与干栏式建筑复原示意图

4. 烧制陶器

跨湖桥聚集着一批制作陶器的能手,他们懂得夹砂的陶器在煮炊时不会烧裂,所以所有的炊具都是夹砂陶。有些钵、罐类的器皿也是夹砂陶,所以会直接放在火上用于煮食。陶器的胎壁修理得十分均匀,器形规整,有些还用慢轮修整刻划出整齐的弦纹。最不可思议的是,黑皮陶中竟然加入了盐的成分,这也说明跨湖桥人已经掌握了制盐技术。

大型陶器的制作难度非常大,在烧制时极易变形,因此在史前早期遗址中比较少见。跨湖桥遗址发现两件大型圈足陶盆,口沿都是向内收敛,这样既保证了在烧制时口沿不会下坍、变形,而且使用时盛装的液体也不容易外溢。其中一件圈足陶盆外壁还有数条凸出的棱,这不仅仅是为了器物的美观,更起到支撑的作用,可防止陶器在焙烧时塌陷、变形。

跨湖桥时期尚未出现窑炉,陶器应该是露天堆烧,因此烧成温度不高,仅有800多摄氏度。由于遗址大部分已被毁,我们没有在考古发掘现场发现烧制陶器的痕迹。从逻辑上推断,堆烧陶器的地点应该在居住点附近相对空旷的平地上,有可能由妇女来制作。

5. 纺线织布

跨湖桥遗址出土了数量众多的陶纺轮、陶线轮以及十分精致的骨针,说明针线的使用在当时已经非常普遍。我们在遗址中未能发现"布",但是发现了陶纺轮、陶线轮等纺织工具,以及骨制双叉器、纬刀、锯齿形骨器等疑似纺织工具。根据民族考古学家宋兆麟先生调查掌握的资料,贵州榕江县侗族有一种最原始的织机,称"水平织带机",目前在汉族、苗族、拉牯族、纳西族、彝族等地区都有保存。这种织机在一束经纱上配有综杆、经杆和机刀,可以织出极窄的布幅。四川凉山彝族的踞织机比织带机稍复杂,同样没有机台或机架,但织法进行了改进,布幅也加宽到约30厘米。研究者将上述织机与河姆渡遗址出土的骨刀、木刀、木杆、梭子等进行对照,推定出河姆渡文化已经出现了与彝族使用的织机有共同

图 6-5-5　原始踞织机使用模拟[1]

图 6-5-6　陶线轮

特征的水平式踞织机。而跨湖桥遗址也有类似的机件发现，如棒杆形器可作织机的定经杆、综杆，骨匕、木刀可作纬刀，双叉头的木杆是木梭。这些是跨湖桥文化已经出现原始纺织的证据。

从遗址出土的骨针尾部十分细小的针眼看，跨湖桥人的纺线技术已经非常娴熟。虽然陶纺轮加木杆是最为原始的纺线工具，但非常实用，容易操作。

从常理上讲，纺线、织布相对细致轻便，一般是妇女来做的活计，跨湖桥文化估计也不会例外。

（四）祭祀礼仪

远古时期，人们对大自然的不可抗拒性产生了无比的敬畏心理，也对大自然所赐予的丰富物质无比感恩，在对种种现象无法做出解释的蒙昧时代，渐渐萌生出对大自然的崇拜和对祖先的崇拜，认为天地万物都是由神灵在主宰，一切都寄托于神灵的护佑，祭祀遂成为最重要的公共礼仪活动。

跨湖桥人尽管创造了辉煌灿烂的文化，但仍处于人类文明初始时期，人口稀

---

[1]　转自蒋乐平：《跨湖桥文化研究》，第 120 页，科学出版社，2014 年。

图 6-5-7　红衣灰陶圈足盆

口径与高度都超过 30 厘米，应是祭祀用品。

少，环境恶劣，灾害频仍。他们看到每天冉冉升起的太阳带来光明，给人温暖，使万物生长。他们懂得神奇的火能给予温暖，可以用来煮炊食物、烧制陶器、驱赶虫兽，甚至助力制造独木舟，但也畏惧烈火可以焚毁山林，烧尽家园，乃至夺走生灵。他们依赖这片水源丰富的福地，水是生命的源泉，带来丰富的水生动物，也能用于浇灌种植的稻谷。因为水，他们制造出举世瞩目的独木舟，开创了中国造船业与交通史的先河。然而水又会造成巨大的灾难，会冲毁房屋，吞噬生命。他们认为世间万事万物都是上苍的赐予，猛兽虽然凶残，但可以果腹，皮毛还可以用来御寒遮羞；果实能充饥；泥土可以制作陶器；石头、木料、动物遗骨都可以制作工具。他们感恩上苍的恩赐，敬畏神灵的力量。面对洪水猛兽、山火干旱、毒虫瘴气、严寒酷热、生离死别等无法抗拒的残酷现实，他们唯有祈求神灵护佑。

由于跨湖桥遗址大部分已被毁，所以并没有发现祭台遗迹，但从遗址出土彩陶的一些特殊图案以及木器、骨角器上的刻划符号中，我们能找到与祭祀有关的信息。如彩陶中多见的各种形式的太阳纹，可能是跨湖桥人崇拜太阳的真实写照，太阳纹很可能是跨湖桥人的图腾。

遗址中还发现钻有 1 ~ 3 个孔的骨哨，也许是在祭祀礼仪中用于模仿鸟类或其他动物叫声的。

囿于遗址被大面积毁坏，跨湖桥人祭祀的仪式只能根据出土遗物信息进行推测：跨湖桥人在特定的时节由巫师（可能已经出现）主持祭祀仪式，他们用大型的彩陶器、木盘等装着祭品祭太阳、祭天地、祭神灵……族群的人们在巫师的口令下顶礼膜拜，气氛庄重而肃穆。此外，他们还会在圆形的房屋内进行火祭仪式。

第七章
跨湖桥文化的『来龙』与『去脉』

跨湖桥遗址的文化面貌表现出令人惊叹的成熟性与发展高度，这种文化是从何而来，是受什么文化的影响，或者是延续与传承何地的文化？在遗址考古取得成绩的同时，我们也面临着一个重要的研究课题，即探寻跨湖桥文化的来龙去脉。

史前遗址的考古调查存在太多不确定因素，数千年前的文化遗存大多已被历史的潮流所淹没，能侥幸存世的已是凤毛麟角，主动寻找 8000 多年前的文化遗址形同大海捞针。我们可敬可佩的考古工作者，凭着一份坚定，踏遍广袤田野，跋涉崇山峻岭，从蛛丝马迹中发现了来自远古的身影。

第一节　跨湖桥文化的"来龙"——上山文化

寻找跨湖桥文化"来龙"这个话题要从浙江省文物考古研究所蒋乐平先生承担的"浦阳江流域史前遗址考古调查"课题说起。2000 年前后，蒋先生从浦阳江上游的浦江县一路沿江调查，先后发现了诸多的史前文化遗址。其中浦江上山遗址面貌新颖独特，文化类型也无法确定。后经 ^{14}C 测定，遗址的年代竟然距今约 9000 年（最终测定结果距今约 11000 年）。得知这一消息时，正是跨湖桥遗址发现独木舟和下孙遗址被发现的当口。因为上山遗址的年代要比跨湖桥遗址早得多，文化面貌也不同，所以我与蒋先生商定，先集中力量调查晚期的跨湖桥遗址。

出乎意外的是，在之后进行的浦阳江流域、曹娥江流域、衢江流域、灵江流域上山文化遗址考古发掘时，在小黄山遗址、桥头遗址、青碓遗址等上山文化遗址晚期的堆积中都发现了跨湖桥文化直接叠压在上山文化之上的地层现象。也就是说，跨湖桥文化是受上山文化的影响发展起来的，跨湖桥文化来源的谜底终于揭开了。

（一）浦江上山遗址

上山文化遗址，因最早发现于浙江省浦阳江流域浦江县黄宅镇渠南村一个称为"上山"的小山坡而得名，上山遗址年代距今 11000～9000 年，属于新石器时代早期遗址，具有较为明显的旧石器时代到新石器时代过渡的特征，是目前发现的浙江乃至长江下游地区年代最早的史前遗址。

遗址中有数量较多的打制石器，磨制石器占较小的比例。文化面貌以圆石球，不规则扁长体的磨棒，形制较大的石磨盘及夹炭红衣陶器为基本特征。石球采自河滩鹅卵石，直径 5～9 厘米，棱角部位多琢打成钝圆形状，部分保持原来的自然圆卵状。石磨棒利用自然卵石制成，一面或多面有明显的摩擦痕迹，摩擦面呈弧隆状。石磨盘均有一个浅弧状磨面，其他面保持自然形状，磨面广度 30～50厘米。石器中还见有少量通体或局部磨制的斧形或锛形石器、用琢穿法成孔的"加重器"、石片石器及砺石等。陶器构成十分单调，以平底形器为主，多厚胎，表层多有红衣，低温烧制，陶胎破裂面常见片状层理现象，胎体可见明显的稻谷壳粒。可辨器形中多为大敞口小底的盆形器，中腹或近口沿处见有粗圆的桥形环纽，也见有少量疑为釜、罐类的残片。陶器多素面，偶见绳纹、戳印纹、线划纹。遗址中还发现一处由三排柱洞构成的长方形建筑基址以及大量灰坑遗迹。

值得注意的是，上山遗址夹炭陶片的表面有大量的谷壳印痕，胎土中夹杂大量的谷壳。对陶片取样进行植物硅酸体分析，显示许多陶片中含有来自稻叶片运动细胞的扇形硅酸体。对陶片中谷壳形状进行初步观察，粒的长度比野生稻要短，宽度比野生稻大，可能是经人类选择的早期栽培稻。

上山遗址的第一次发掘与跨湖桥遗址第二次发掘同在 2001 年，且都是蒋乐平先生担任发掘领队，两处遗址的关联自然也是蒋先生研究的重点。上山遗址有7 个文化层，第四至七层是距今 11000～9000 年的上山文化类型堆积，第三层则是春秋战国时期，再上层为隋唐时期，中间存在数千年的断层。而上山遗址与跨湖桥遗址有很大的文化差异，似乎没有任何的关联。由于上山遗址与跨湖桥遗址在年代上有千余年的断层，两者连接不上也符合逻辑。上山遗址第一次发掘并未找到与跨湖桥遗址的联系。

（二）嵊州小黄山遗址

小黄山遗址位于浙江中东部曹娥江流域的嵊州市甘霖镇上杜山村。2005年1月调查发现，同年3月进行考古发掘，至8月结束，发掘面积1000平方米。由浙江省文物考古研究所研究员王海明先生担任发掘领队。

小黄山遗址第一阶段文化内涵与浦江上山文化相近；第二阶段文化内涵存在不少跨湖桥文化因素，但更为原始和古老；第三阶段文化内涵与跨湖桥文化有相当多的可比性，与河姆渡文化似乎也存在某种内在联系。北京大学考古文博学院科技考古与文物保护实验室对第三阶段出土的文物进行了 ^{14}C 年代测定，结果为距今 8800 ~ 8000 年。第一、二阶段年代虽未测定，但更为古老无疑，因此专家推断小黄山类型文化遗存的相对年代距今 10000 ~ 8000 年。

距今约 8000 年的萧山跨湖桥遗址和距今约 1 万年的浦江上山遗址的发现揭示了浙江省新石器文化的多源性和复杂性，而小黄山遗址的发掘则揭示和确立了上山类型遗存和跨湖桥类型遗存在地层上的叠压关系，将文化内涵难以比较的两个古老文化有机联系起来，"盘活"了浙江省新石器时代早期遗址分布格局。小黄山遗址的发现与发掘对跨湖桥文化寻找源头意义极其重大，说明跨湖桥文化的根源就在浙江省境内，而并非长江中游。上山遗址、小黄山遗址和跨湖桥遗址在年代上前后衔接，在文化上存在明显的承袭关系。

（三）龙游青碓遗址与荷花山遗址

2010年8月，浙江省文物考古研究所与龙游县博物馆一起，在浙江省龙游县境内的衢江、灵山江流域进行新石器时代遗址考古调查，发现了青碓新石器时代早期遗址。青碓遗址位于龙游县龙洲街道寺后村西面 500 米，灵山江西岸，海

拔约 50 米。所在位置原有一个相对高度约 1.5 米的丘堆，数十年前被取土平整。经现场踏勘，考古人员发现了夹炭红陶器、石磨盘、石磨棒等具有上山文化特征的遗物。8 月 23 日起，省考古所和龙游县博物馆采取试掘和探铲勘探的方式对遗址进行正式调查。试掘面积 12 平方米，分一南一北两条探沟。勘探表明，现存遗址最深处约 1.5 米，分布范围南北长约 170 米、东西宽约 160 米，核心面积约 30000 平方米。青碓遗址出土的文化遗存分为上下两层，下层具有浓郁的上山文化特征，属于上山文化晚期，距今约 9000 年；上层出土的夹砂、夹炭陶片则带有跨湖桥文化特征，距今约 8000 年。青碓遗址与小黄山遗址相似的特征，再次把上山文化与跨湖桥文化串联了起来。

2011 年 4 月，龙游县荷花山遗址也发现了与小黄山遗址类似的现象。荷花山遗址位于衢江畔的衢州市龙游县湖镇镇邵家自然村。遗址最深厚位置包含 7 个文化层堆积，发掘清理了灰坑、柱洞等遗迹和丰富的陶石器。从出土遗物分析，遗址年代距今 9000 ～ 8000 年。复原大口陶器 20 余件，包括大口盆、平底盘（浅腹、深腹）、圜底盘、圈足盘、双耳罐等，陶质以夹炭红衣陶和细砂粗泥陶为主。从复原陶器和带有器形特征的陶片分析，遗址的年代约相当于上山文化晚期，同时具有自身的特色，如大口盆器耳的多样化、平底盘中出现筒腹较高的器形、有圜底盘以及多镂孔的圈足盘等。荷花山遗址延续时间较长，西区晚期出现了不少跨湖桥文化的因素，如侈口微敛、沿外侧置对称舌形錾的绳纹陶釜和圜底钵、锛形石锤、青灰岩石锛等。

（四）小结

除了嵊州小黄山遗址和龙游县青碓遗址、荷花山遗址，浙江省文物考古研究所从 2012 年起先后发现了浙江永康的湖西遗址和长城里遗址，年代均距今约 9000 年，属于上山文化类型遗址，同时晚期出现跨湖桥文化特征。2013 年又在义乌城西街道桥头村发现了距今约 9000 年的桥头遗址，属于上山文化类型，晚期与跨湖桥文化对接。跨湖桥的太阳纹彩陶与桥头遗址的太阳纹彩陶十分相似，有明显的传承关系。

图 7-1-1 义乌桥头遗址出土的太阳纹彩陶片

目前发现的跨湖桥文化类型遗址已有十余处，都是由上山文化发展演变而来。早期遗址大多集中在浙江西部钱塘江上游南源的丘陵地带，包括浦阳江、衢江、武义江、东阳江一带，嵊州的小黄山遗址则在浙江东部

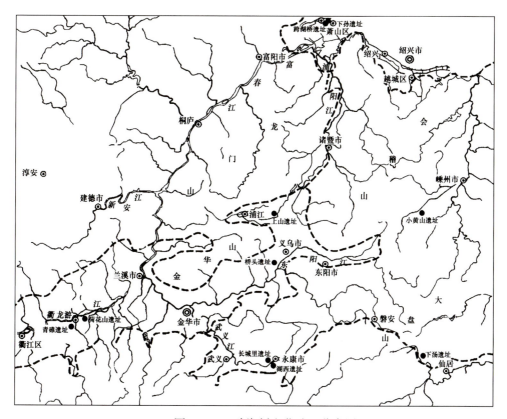

图 7-1-2 跨湖桥文化遗址分布图

跨 湖 桥 文 化

的曹娥江流域。这些遗址群的发现解答了跨湖桥文化的来源问题，证据确凿，脉络清晰。同时这些遗址还呈现出一个共同的特征，即距今 9000～8000 年后在当地不见了踪影，他们是否都从山地往外迁徙，落户于东部沿海地区了呢？可以肯定的是，其中一群人来到了萧山的古湘湖区域，他们在传承的基础上创造性地孕育出更加灿烂的文化，并且逐渐由山地文化演变为海洋性文化。至于上山文化为何要向东部迁徙，有专家认为是气候的原因，因为距今约 9000 年，随着末次冰期结束，地球逐渐转暖，人们很可能离开山地向开阔的平原迁徙。也有可能是因为人口增长，山地资源日见枯竭，无法维持生存。

跨湖桥遗址与上山文化晚期相连接，制陶工艺有了跨越式的发展，石器精美而实用，独木舟的制作更是震惊海内外……跨湖桥遗址的文化成就是其他跨湖桥类型遗址所不可比拟的。

第二节 "去无踪影"的跨湖桥文化

2013 年，严文明先生在龙游荷花山遗址考古学术研讨会上讲道："经过几年来的考古调查与发掘，已经发现了好几个上山文化类型的遗址，并且发现了上山晚期与跨湖桥早期有直接关联的证据。这就是说，跨湖桥文化的来源问题已经解决。如何找到跨湖桥文化的趋向则是下一步要做的重点工作。"然时至今日，跨湖桥文化的趋向仍是个不解的谜题。无论是浙西的山区，还是东部沿海一带的丘陵和平原，都未发现跨湖桥文化的身影。在遭遇海侵被毁后，跨湖桥文化似乎也随着跨湖桥遗址的消亡而化为烟尘。

从逻辑上推理，跨湖桥遗址遭海侵毁灭后，在与其距离不远的同时代文化遗址中应该能找到跨湖桥文化的身影，但我们从已知的距今约 7000 年的河姆渡文化和马家浜文化中都未能发现其踪迹。尤其是河姆渡文化，其传播或分布的范围包括萧山附近，甚至萧山境内都有发现，如位于诸暨与萧山交界的楼家角遗址和萧山浦阳的舜湖里遗址、所前的乌龟山遗址和金鸡山遗址等，这些遗址与跨湖桥遗址的距离在 10 ~ 20 千米,却没有跨湖桥文化的痕迹。以上受河姆渡文化传播影响的遗址年代都在距今 6500 ~ 6000 年,与跨湖桥文化遗址在距今约 7000 年的毁灭尚有一段间隔,这是否为我们理清跨湖桥文化的"去脉"问题留下了空间呢?

(一)河姆渡遗址

河姆渡遗址位于浙江省余姚市,南隔姚江的四明山北麓,北面为宁绍平原。遗址的文化内涵主要包括以下几方面:一是以有脊釜为代表的夹炭质陶器群和锛、斧等石、木、骨器组成的独特的器物群。二是保存有大量的栽培稻遗存。三是发达的木构技术与干栏式建筑。四是牙雕、骨雕、陶刻等形式的艺术成就及相关联的宗教内容。遗址年代距今 7000 ~ 5000 年。

河姆渡遗址发现后,宁绍地区一直作为一个相对独立的文化区域在东南沿海新石器时代考古中占有重要位置,河姆渡文化具有区域文化的概念。跨湖桥文化遗址的发现打破了这一区域文化的一元观念,将宁绍平原新石器时代遗址统归河姆渡文化传统的逻辑缺陷已经暴露。学者们认为这对重新研究河姆渡文化具有决定性的意义。河姆渡文化的概念从开始就存在着分歧:第一种观念是狭义的,内涵包括河姆渡遗址三、四层,地域限于姚江流域的附近地区。第二种观念可称为广义的,内涵包括河姆渡遗址一至四层,分布范围包括宁绍、舟山地区,甚至有囊括浙南地区的趋向。我们这里所说的河姆渡文化是指狭义上的河姆渡遗址三、四层概念,因为其后期的堆积在年代上与跨湖桥遗址相差甚远,已经不在一个层面上了。

跨湖桥遗址与河姆渡遗址的文化面貌存在着明显的差异,但也存在着一些共性,不排除是跨湖桥文化因素的流传。虽然跨湖桥文化未发现明确的继承者,但一些文化因素完全有可能随着人群的迁徙而传播。

一是器物及建筑方面。陶器制作方面的相似性主要表现为夹炭陶和炊器绳纹装饰的运用上。夹炭陶与绳纹装饰在南方地区分布较广,但在宁绍地区延续时间较长，成为一种较稳定的文化传统。陶釜和支座的文化特征存在差异，但配合使用的原理是一致的。具体的陶器，比如双耳罐、敛口盆等都具有相似性，特别是跨湖桥遗址C型盆的敛口形态酷似河姆渡遗址的敛口釜。骨、木器在形态和类型上有更多的共同性，例如骨耜只是装柄方式不同，此外骨哨、骨匕、骨镞、木锥、木锛柄等都很相似。两遗址均出现以榫卯结构为核心的木构建筑技术，使用独木梯，有干栏式建筑。

二是生产经济方面。骨耜与栽培稻构成了耜耕农业的概念。两遗址骨耜的使用方法有区别，但耜耕农业的存在是一致的。此外，两遗址均存在家猪的驯养，以及采集业和狩猎、捕捞经济等。

河姆渡文化与跨湖桥文化都含有海洋文化的特征。河姆渡遗址没有发现独木舟，但出土了木桨，且木桨上还刻划有装饰纹样。有桨必然有舟，因此河姆渡肯定也曾有过独木舟。在这一地区后来发展的越文化中，独木舟也是重要的文化特征之一。

（二）罗家角与马家浜遗址

马家浜文化是分布于杭嘉湖地区的一支新石器时代文化，形成于距今约7000年的桐乡罗家角遗址。罗家角遗址第四层的河姆渡文化因素很明显，之所以将其归入马家浜文化，并视为马家浜文化的源头，应当是考虑了分区的因素，存在将钱塘江南北机械割裂的认识倾向。罗家角遗址早期更多地反映了南方文化的因素。因此，跨湖桥遗址与罗家角遗址的比较是同河姆渡遗址比较的一种延伸。比较特殊的有两点。第一，跨湖桥遗址与罗家角遗址骨耜插装安柄的方法相同。第二，虽然外红内黑的陶器特征在河姆渡文化中同样存在，但最早是作为马家浜文化的陶器特征总结出来的，这种现象多见于豆、盉类器，为烧制过程中充分利用氧化焰、还原焰的特殊效果。跨湖桥遗址中，这种外红内黑的陶器有更普遍的发现，如豆、钵、盆、盘等，虽然陶质有别（河姆渡文化、马家浜文化中该类陶器多为泥质陶），文化的共性还是值得关注。

马家浜文化的另一路文化因素以腰沿釜及炊器的非绳纹特征为代表，这一特征后来成为马家浜文化的主流因素，可称之为北方因素。跨湖桥遗址与之缺少联系。这也说明跨湖桥遗址完全属于南方文化系统的古遗址，比河姆渡文化遗址更为纯粹，这与它的年代是吻合的。

尽管河姆渡文化与马家浜文化在某些因素上与跨湖桥文化有共性存在，但不具有文化的整体性继承，在特征上的差异性是主要的，相互间缺乏明确的关联，不属于同个系列。

（三）楼家桥遗址

楼家桥遗址位于跨湖桥遗址南部约 23 千米与萧山交界的诸暨境内。早期年代约距今 6500 年，跨新石器与商周两个时代。新石器时代遗存又分早、中、晚三期，晚期为良渚文化遗存，内涵比较单薄；早、中期是遗址的主体部分，且年代与跨湖桥文化晚期比较接近，是我们寻找跨湖桥文化去向的主要目标。

早期遗物以陶器为主，另有少量的玉管、骨锥、骨凿、象牙小罐、石锛等。陶器有圆柱足（部分跟部外侧贴有凸脊）鼎、隔裆深腹缸、深腹钵式豆、有脊釜、双鋬耳罐、扁圜把钵、腰沿釜、圈足盆等，以夹炭红衣陶、夹炭黑衣陶为主，夹砂红陶次之。纹饰流行堆贴与刻划纹，堆贴以环圈为多，亦见细泥条塑贴的网格纹，往往与刻划纹相配合，另外还多见近似蜥蜴的堆塑纹样；刻划以水波纹、弦纹最为常见。绳纹仅见于有脊釜的底腹，数量很少。

早期地层中保存有干栏式、"塔"式建筑基础和木桩、带卯眼的木构件等遗迹，并发现亚洲象、犀牛等动物遗骨。

中期遗物中，陶器继承了早期的特点。鼎足跟部的凸脊演变成锯齿状，发展成颇具特色的扉棱足，成为该阶段的主要炊具。隔裆深腹缸数量增多，引人注目。这两类器物是楼家桥遗址最典型的陶器。夹砂陶数量增加，泥质红陶也有一定的比例。器形有侈口凹沿釜、喇叭形圈足豆、腰沿釜、多角沿盘、异形鬶等。纹饰

仍以堆纹、刻划纹为主，环形堆纹往往与动物的头部造型相配合，绳纹减少。石质生产工具大量增多，有锛、穿孔斧、凿、刀等。装饰品有玉玦、玉环等。遗迹有灰坑、柱洞、石器制造场等。

楼家桥遗址早、中期含有河姆渡文化因素，但具有明显的地方特色。作为经过正式发掘，与跨湖桥文化遗址距离较近，年代也相对接近的新石器时代遗址，楼家桥遗址无论是典型器组合，还是动物形象的刻划、堆塑装饰，均不属于跨湖桥文化传统。

（四）其他遗址

萧山舜湖里遗址，位于楼家桥遗址东北方约 2 千米，内涵同楼家桥遗址。两地距离相近，也许原本是同一个聚落群的两个生活区。年代距今约 6500 年。

萧山乌龟山遗址，位于跨湖桥遗址南约 15 千米。遗址下层发现河姆渡文化典型的夹炭绳纹有脊釜。年代距今 6500 ~ 6000 年。

萧山金鸡山遗址，位于跨湖桥遗址南约 10 千米。遗址出土相当于河姆渡遗址二层的鼎、豆类陶器。年代距今 6000 ~ 5800 年。

萧山境内的这些遗址由于保存面积较小，出土遗物的数量十分稀少，反映的文化面貌也相对单一，但文化特征比较明显，均属河姆渡文化。

（五）小结

上述跨湖桥遗址周边地区年代明显晚于跨湖桥文化的诸史前遗址基本为河姆渡文化范畴，虽然早期遗址中存在一些与跨湖桥文化的共性之处，但区别是主要的，都未见明显的完整性的跨湖桥文化继承。跨湖桥文化的"去脉"仍然是个未解之谜。

2004 年 10 月 4 日，我们还在为下孙遗址的考古发掘做准备工作，忽然接到报告，说是浙赣铁路电气化改造工程萧山临浦段施工工地发现文物。我立即请崔太金、王兴海二人前去调查，原来铁路电气化改造施工时在地下挖出了很多炭化的树木。我们立即将这一情况报告浙江省文物考古研究所,省考古所副所长王海明第二天即与我们一起赶往现场。

出土地点位于临浦西施公园东北面的农田,施工单位在打钻探时,从约8米深的地下发现了这些炭化的木头。据现场目测,在近百米的直线范围内都有这种炭化木头。依据农田的海拔标高约6米这一情况分析,炭化木头所处地层位置正好与跨湖桥遗址的海拔高度相同,且其与跨湖桥遗址出土的木质文物在面貌上极为相似。我们急切地希望在这些炭化木头里找到人为加工的痕迹,可是被挖上来的木头都已经被钻机打得粉碎,无法分辨,而且现场也没有发现陶片之类的遗物。8米厚的表土若要进行考古调查,难度可想而知,我们又联系了浙江省地质大队,请他们来做钻探。可地质大队的钻筒直径只有10厘米,钻上来的木头也基本粉碎,钻探调查只得作罢。

此次调查虽无果而返,却提供了非常重要的信息。发现炭化木头的区域与古湘湖区域的地形地貌十分相似,车越乔、陈桥驿先生认为这片区域在宋代也是一个大型的湖,即临浦湖,与湘湖和义桥的渔浦湖呈"品"字形排列,但临浦湖与渔浦湖不久淤塞成为良田,再也没复湖[1]。跨湖桥遗址的文化非常成熟,延续时间近千年,因此当时人们的生活半径绝对不会局限于湘湖。发现炭化木头的区域与古湘湖直线距离不超过10千米,且两者的地层高度相同,即便不是古人类遗址,至少也是跨湖桥人活动的区域。跨湖桥遗址附近区域有同类型遗址存在的可能性绝不应排除。

第三节 跨湖桥文化的趋向

有人曾经提出,跨湖桥人因故土遭受海侵,所以驾着独木舟驶出大海,漂向了遥远的南太平洋。依据是南太平洋岛国波利尼西亚现在仍在使用的独木舟与跨

---

[1] 车越乔、陈乔驿:《绍兴历史地理》,上海书店出版社,2001年。

湖桥遗址的独木舟十分相似，且史前时期有段石锛就曾由中国东南沿海传播到了南太平洋岛国。独木舟加装为边架艇确实能在海上航行，可大海中险象环生，独木舟能携带的淡水与食物又非常有限，跨湖桥人怎么会放着身后的山地大陆不去，做出仅凭独木舟就驶向遥远而又浩渺无际的南太平洋的冒险举动呢？

末次冰期结束，地球气候逐渐转暖，海平面的上升是循序渐进的。当7000年前海侵即将来临时，潮水肯定已经逼近了跨湖桥人的聚落区，他们不可能对此熟视无睹，毫无防备。也许跨湖桥人已经往高处撤离，希望潮水退去后可以重返家园，未曾料到凶猛的潮水最终彻底摧毁了聚落。在这样的情况下，跨湖桥人必然会向身后大陆内地的高处退却。在7000年前人口稀少的史前时期，不存在因为抢占土地资源而发生部落间的争斗，更不可能发生大规模战事使跨湖桥人被迫逃往远洋。跨湖桥遗址西南面就是绵绵不断的会稽山余脉，他们也许就迁徙到了跨湖桥遗址不远处的丘陵地带或地势较高的山间盆地，只是相关遗迹至今尚未被发现。

前文所述跨湖桥遗址附近已发现遗址的年代都在距今约6500年，与跨湖桥文化末期距今约7000年的历史尚有数百年的断层，处于这个断层期的史前遗址是考古工作者应该重点寻找的目标。当然，跨湖桥人后来迁徙生活的遗迹也许早已毁坏殆尽，那么跨湖桥文化的去向或许将成为永远的悬念了。

第八章
独木舟及相关遗迹的保护

独木舟及相关遗迹得以留存并面世是件极其侥幸的事。

2001 年跨湖桥遗址的第二次发掘虽然出土了大量的遗物，但没有任何重要的遗迹发现。而第三次发掘地紧贴第二次发掘地，面积也不过 300 平方米，所以我们推测不太可能有重要的遗迹，因此我们的工作重心还是放在跨湖桥同类型遗址的调查上，希望尽快找到跨湖桥文化命名的依据。跨湖桥遗址第三次发掘，有些进入"扫尾"阶段的意味。未曾料到，2002 年 11 月中下旬，发掘工作已经过半，在遗址的第⑨层，隔梁两端渐渐露出了独木舟的舟头与舟身。待到隔梁全部挖掉，一整条长长的独木舟出现在了我们眼前。之后几天的发掘中，还陆续揭露出众多木料、石锛木柄、砺石、木桨和"湖岸线"等与独木舟可能存在联系的遗物与遗迹。

第一节　保护窘境

跨湖桥遗址出土的独木舟被古船史专家认定为中国最早的独木舟，一举打破了"中国古代没有舟只有筏"的谬论，发现独木舟的区域则被交通史专家称为中国最早的"码头"，对中国造船史与交通史的研究有重要的意义。然而，在惊喜之余，阴云很快笼上了我的心头——独木舟及相关遗迹怎么保护？

七八千年前的木质文物早已炭化，一旦遭到侵扰，立刻就会化为粉末。难道要任由它卧躺在荒凉的野外么？冬季已经到来，温湿度怎么控制？冰冻问题怎么解决？夜晚有人为破坏怎么办？此时砖瓦厂的挖土机还在独木舟附近来回挖土，独木舟西北面巨大的深坑水位每天都在上涨，即使是不下雨的晴天，地下水也在不停地渗透。可谓危机四伏。

考古队采取了一系列应急措施：用湿棉花覆盖木质文物并每天浇水，保持足

图 8-1-1　独木舟及相关遗迹现场情况

独木舟两端有三处断裂痕，舟舷两侧插着排列式的木桩，许多
木构件与独木舟紧挨着，用传统的方式套取独木舟是行不通的。

够的湿度；根据保护专家的意见喷洒丙二醇化学药水用以加固，防止已经炭化的
木质文物变形、开裂；在现场支起临时篷布，用于遮挡阳光；安排两名人员昼夜
守护。这些都只是临时应急的保护措施，脆弱的独木舟与诸多木质文物不可能在
这样简陋的环境里长时间保存，必须尽快采取更科学的方法加以保护。

　　浙江省文物考古研究所的专家专程来到萧山博物馆，与我们商量独木舟的处
理方法。专家们按照考古工地的常规做法，提出用套箱套住整条独木舟，再用吊
车吊至汽车上运回室内的方法，需要解决的是要在现场开出可以让车辆进出的通
道。而我提出了两个问题：一是独木舟的本体已经被压扁并多处开裂，在装箱、
运输和进入室内处理时能否保证舟体不散架。二是独木舟不是孤立的存在，它与
周边的木质文物是有着共存关系的整体，若单独取出会失去很多考古信息，造成
很大的损失。萧山博物馆的展厅里至多只能展出孤立的独木舟，与其相关的遗迹
不可能在展厅恢复。对此，专家们都表示认同。此次讨论未形成结果，省考古所

图 8-1-2　独木舟及相关
　　遗迹临时保护

独木舟身上覆盖着含水的
棉花，支起临时篷布以遮
挡雨露。

图 8-1-3　向木质文物喷
　　洒水，以防干裂变形

图 8-1-4　为独木舟加湿

图 8-1-5　为了防冻，寒冬来临之前在现场支起相对封闭的帐篷

已经制作好的套箱也没派上用场。

第二节　"就地保护"想法的萌生

武汉理工大学教授、古船史研究专家席龙飞先生认定跨湖桥遗址独木舟是中国最早的独木舟，甚至不排除是当时发现的世界上最早的独木舟。席龙飞先生在《中国造船史》一书中说道："在河姆渡新石器时代的文化遗址，发掘到 7000 年前的雕花木桨，再联系到许多新石器时代的舟形陶器的出土，证明中国与其他文明古国一样，早在 8000 年甚至更早就已经使用了独木舟。"[1]跨湖桥遗址独木舟的出土证实了席龙飞先生的判断，把我国制造独木舟的历史向前推进了约 1000 年。

该独木舟舟体轻薄，平均厚度在 2.5 ~ 3 厘米，表面十分平整，形状非常规

---

[1]　席龙飞：《中国造船史》，第 2 页，湖北教育出版社，2000 年。

整（厚土长期挤压使之变形），舟头与现代小木船形状相近，制造技术已经非常成熟，绝非是独木舟发展萌芽阶段的产品。由此推断，我国东南沿海一带制造独木舟的历史还要往前推数百年，甚至更久。独木舟相关遗迹有可能是与其制作相关的一个作坊遗迹，二者是有着密切关系的整体。独木舟与相关遗迹的整体面世具有重要的研究价值。

独木舟出土后不久，交通部一位正在编写《中国交通史》的老专家专程前来考察。在遗址现场他告诉我说："这是目前我国发现的最早的码头，对研究中国交通史具有非常重要的意义。"我听后非常吃惊，这怎么会是个码头呢？老专家告诉我："你跟我介绍时说'这个独木舟及相关遗迹所处的位置是在湖边'，所以那是个初期式的码头。我们不能以现在的眼光来判断什么是码头，而要从历史发展的眼光来看待这个码头的概念。所以，跨湖桥遗址的独木舟及相关遗迹必须要写入《中国交通史》中。"老专家的一番话令人茅塞顿开。

中国航海博物馆筹建之时，负责人也曾专程到跨湖桥遗址考察，并在参观后决定复制独木舟。跨湖桥独木舟的仿制品如今就陈列在中国航海博物馆展厅里。

独木舟及相关遗迹的重要性无须更多敷陈，将其搬离现场所造成的损失实在令人无法接受，"异地保护"的做法越想越觉得不可取。而若能在原址实施"就地保护"，兴许还可以实现我在 2002 年上半年提出的建立"跨湖桥遗址公园"的设想，甚至有可能建立一个专题的博物馆——跨湖桥遗址博物馆。将跨湖桥文化整体的在博物馆进行展示，必将对萧山的文化交流发挥特殊的作用，更能为湘湖的恢复与开发增添亮点。

但愿望归愿望，毕竟独木舟及相关遗迹"就地保护"的技术难度极大，要得到萧山区政府及各部门的支持才行。下一步究竟该如何实施，我的心中还真是茫然一片。

2002 年 12 月下旬，浙江省文物考古研究所所长曹锦炎、副所长李小宁邀请湖北省文物考古研究所副所长后德君和福建泉州海外交通史博物馆副馆长李国清两位木质文物保护专家到独木舟出土现场考察。在遗址现场，李小宁副所长的一

句话深深触动了我，他说："我们的遗址考古挖掘一个毁一个。"于是我当场咨询李国清先生独木舟有没有可能就地进行保护。李先生认为就地保护的可能性是有的，但是难度非常大。因为木质文物本该在室内做脱水保护，在野外环境下对独木舟这么大的文物实施脱水保护，国内没有先例，所以关键是环境因素。

李先生的话给了我一线的希望。既然环境是实施就地保护的关键，那么如果我们可以将荒郊野外的遗址变成室内环境，是否就可以实现这一想法了呢？于是在之后讨论后德君、李国清两位专家所做的保护方案时，我坚决要求加入"就地保护"的内容。

我当时也不知道是什么给了自己这么大的勇气，竟然提出了在今天看起来都很"不着边际"的要求。文物遗迹就地保护的设想和方案的实施肯定要经当地规划、发改、财政等部门审批，而当时我尚未向上级主管部门领导请示，就自作主张提出了这样的设想。事后静想，无疑是独木舟及相关遗迹巨大的价值给了我强有力的底气。

第三节　湘湖恢复与遗迹保护的冲突

跨湖桥遗址独木舟及相关遗迹出土时，正值萧山区政府决定恢复古湘湖的当口，而跨湖桥遗址正处于湘湖景区总体规划第一期"湘湖启动区块"的二期工程范围。由于跨湖桥遗址的年代处在末次冰期结束后气候转暖、海平面逐渐抬升的初期，海平面比现在要低数米，所以跨湖桥独木舟及相关遗迹的出土地层都在海拔负1米左右。而湘湖如若恢复，水位在海拔标高4.5～4.8米，与独木舟及相关遗迹的落差接近6米，独木舟必然要被湘湖水淹没掉。是保护独木舟要紧，还是恢复湘湖重要？

囿于对遗址价值认识的局限，且湘湖的重建是萧山区政府为民办事的重大工程，所以区政府主要领导在2002年12月察看了独木舟及相关遗迹后明确要求把独木舟搬掉。一时间我感到十分愕然，将这么重要的文物遗迹搬离原地实在可惜。

214

我立即向区文广局领导提出了自己的意见，并陈述了三条理由：一是独木舟已经严重开裂，如果搬动必然散架，后果非常严重。二是独木舟及相关遗迹有着重大的考古研究价值，包含着大量的考古信息，一旦搬离原址，这些信息就会丢失。三是将来条件成熟，可以建立"跨湖桥遗址博物馆"，独木舟及相关遗迹可在原地展示，作为博物馆核心的展示点。这样一个专题类的博物馆，又处在湘湖的核心区，可为湘湖增添文化景观。

由于我极力反对独木舟的搬迁，并且得到了分管区长周红英、区文广局党委书记蒋婉秋两位领导的大力支持，此事一时陷入了僵持。

恢复湘湖是造福萧山人的一件大事，所以我们也不能一味强调独木舟及相关遗迹保护的重要性而阻碍湘湖的恢复重建。为此我向区文广局领导反复建议，可以将独木舟及相关遗迹用筑水坝一样的方法围住，既可保护文物遗迹，又可保证湘湖水面的恢复。局领导对此既没作肯定答复，也没提出坚决的反对意见，我理解应该是种很策略的默许吧。作为局领导，拖着区政府主要领导的指示不执行，以至于可能影响湘湖恢复这样的重大工程，必然也是要承受很大压力的。

第四节　"就地保护"的确定

经多方奔波，独木舟及相关遗迹的保护问题得到了浙江省文物局领导的高度重视，并委托浙江省博物馆文物保护专家卢衡研究员起草保护方案，择日召开全国性的保护方案论证会。

2003 年 1 月 14 ~ 15 日，由萧山区政府与浙江省文物局联合主办的"独木舟及相关遗迹第一次保护方案论证会"在萧山召开。中国文物研究所、故宫博物院、南京博物院、湖北省博物馆（湖北省文物保护技术研究中心）、浙江大学等单位的木质类文物保护专家 20 余人参加了会议。会前，我询访了南京博物院研究员奚三彩等，咨询独木舟及相关遗迹能否"就地保护"。得到的回答基本都是必须将独木舟取回室内进行脱水，若要就地展示，可以等脱水完成后再放回原处。

图 8-4-1　与会专家在遗址现场听取保护情况介绍

图 8-4-2　专家们察看独木舟，手指
独木舟的是陈中行先生

专家们的回答让我大失所望，按常规做法操作必然会使遗址现场遭受严重的破坏。

第二天上午，我们在会议开幕前先安排专家们到独木舟及相关遗迹现场考察。我把各位专家带到遗址现场后即返回宾馆为会议做准备。专家们返回宾馆后，区文广局党委书记蒋婉秋兴奋地告诉我，专家们经现场察看后一致认为将独木舟取回室内的方法不可取，必须在原地进行保护。这真是令我喜出望外。

在会议的开幕式前还出现了一个插曲。出席开幕式并将代表萧山区政府致

图 8-4-3　跨湖桥遗址独木舟及遗迹保护方案论证会会场

图 8-4-4　专家组组长奚三彩先生（右）作总结发言，确定
对独木舟及相关遗迹进行就地保护（左为陈中行先生）

辞的周红英副区长拿着我起草的致辞稿对我和蒋婉秋书记说："区政府主要领导要求将致辞稿中的'就地保护'四个字去掉。"意思很明确，独木舟及相关遗迹不能摆在原地，这会影响将来湘湖恢复。面对这一突如其来的情况，周副区长也感到很为难。我和蒋书记向周副区长再三说明了独木舟及相关遗迹的文物价值，并且告知专家们在考察现场后也提出必须实施就地保护的意见。周副区长果断做出了仍旧在致辞中提出"就地保护"的决定，会后再与区政府主要领导解释。在致辞中，周副区长郑重提出对独木舟相关遗迹实施就地保护的要求，希望专家们在技术上予以支持。

保护方案论证会前，与会专家一致推荐南京博物院研究员奚三彩为专家组组长。会上，专家们听取了卢衡研究员起草的四个不同的"异地保护"方案，但最终讨论决定对独木舟及相关遗迹实施"就地保护"。

第五节　独木舟保存环境的利与弊

全新世初期，随着全球末次冰期结束，地球逐步转暖，气温回升，万物复苏。冰层不断融化，海平面渐渐上升，宁绍平原一带发生了"卷转虫海侵"，到了距今约 8000 年前，海面上升到海拔 −5 米的位置。这次海侵在距今 7000 ~ 6000 年前到达最高峰，今宁绍平原和浙江省境内的其他平原均被一片"卷转虫海侵"所淹没 [1]。陈桥驿先生这一研究推断与跨湖桥遗址被毁灭的时间十分吻合。跨湖桥人生活的年代气候宜人，万物茂盛，资源丰富，而到距今 7000 ~ 6000 年前，"卷转虫海侵"将遗址彻底淹没，遗址上层覆盖了厚约 1 米的海相沉积层。而遗址周边三面环山，地势低洼，西侧又为连接杭州湾、直通东海的钱塘江，在约 4000 年前曾是钱塘江的泻湖，所以遗址海相沉积上又覆盖了 2 ~ 3 米厚的湖相沉积。这种弱碱性沉积饱含大量的水分，使遗址与空气、阳光完全隔绝，大量有机质文

---

[1]　陈桥驿：《越族的发展与流散》，《东南文化》1989 年第 6 期。

物得以完好保存了七八千年。

　　跨湖桥遗址虽然地势低洼，但在考古发掘时并没有发现受到地下水的侵袭。这是因为经过砖瓦厂二三十年的取土挖掘后，在遗址区已经形成了30000多平方米、深20多米的大坑，地下水和雨水直接流向大坑。砖瓦厂在大坑的西面专门建有一座排水的泵房，每天不停地抽水，从而保证了发掘区的相对干燥。2003年年初，即独木舟及相关遗迹被发现后，砖瓦厂在社会的强烈呼吁声中停工关闭，抽水泵房也停止了工作。数日后，大坑变成了"湖泊"。由于缺乏正常维护，泵房设备损坏，坑内水位急剧上升，萧山博物馆投入一万多元修复泵房，才使得遗址免遭水淹。

　　2003年3～6月，在确定实施就地保护之后，萧山博物馆筹措资金32万元在发掘现场建造了临时保护的钢构建筑，总面积530平方米，涵盖2002年发掘

图 8-5-1　独木舟及相关遗迹周边环境

西北侧被砖瓦厂取土挖出的大坑水位每天都在上升，一旦停止抽水很快就
会变成"湖泊"，严重威胁独木舟及相关遗迹的安全。

图 8-5-2　2003 年 6 月建成的钢构建筑

图片摄于 2007 年 12 月，此时跨湖桥遗址博物馆建设工程已经启动，彩钢棚四周的土层因建筑施工被挖去，水坝式保护建筑的基础已经逐步成形。

区域和 2001 年部分发掘区域。钢构建筑的屋顶与墙体采用双层彩钢板，有一定的隔热、防冻作用。由于地面泥土层的水分含量非常高，钢构建筑完成后，内部湿度明显偏高，平均在 70% ~ 80%。在这样的湿度中，气温稍高些木质文物就会霉变生菌。2004 年，我们又在钢构建筑内部独木舟及相关遗迹约 100 平方米的范围内搭建了钢架帐篷，安装了大型的空调设备，基本保证了恒温恒湿。钢构彩钢板建筑与钢架帐篷的建造，为保障独木舟及相关遗址的安全和之后实施一系列保护工程发挥了极为关键的作用。

　　但是，这些措施只是在保护环境上提供了必要的条件，尚未解决根本问题，远远不能达到使这些非常脆弱又无比珍贵的文物"延年益寿"的要求。第一次全国性的保护方案论证会只解决了"就地保护"的方向性问题，并没有确定该怎么做、由谁来做。此时独木舟及其木构件的颜色与出土时相比越来越黑，情况持续恶化，必须尽快找到解决办法。正在犯愁之时，浙江省文物局文物处处长吴志强先生向我推荐了湖北省博物馆原馆长、研究员陈中行先生，因为绍兴印山越国王陵木质文物的保护工程经陈中行先生团队制定的方案实施效果良好，所以建议请他来负责独木舟及相关遗迹的保护课题研究，于是我赶忙联系陈先生。但陈先生表示独木舟及相关遗迹现场的环境非常糟糕，地下水位很高，遗址地面贴着独木舟的土层含水量很大，又湿又软，在这样的环境下给独木舟这么大型的文物做脱水保护难度极高，国内也没有先例。我再三向陈先生说明独木舟及相关遗迹的重要价值，在我的"纠缠"下，陈先生终于答应了下来。

第六节　"就地保护"的课题研究与工程实施

陈中行先生是国内知名的漆木器文物保护专家，曾对湖北随州雷鼓墩曾侯乙墓出土的大量漆木器及国内诸多的漆木器和遗迹进行了非常成功的脱水保护，也打造了一支非常有实力的漆木器保护技术团队。

陈先生是个雷厉风行的人，在我与他联系后没多久，他就带着技术团队在浙江省文物考古研究所所长曹锦炎的陪同下来到了萧山。同行的还有中国地质大学教授刘佑荣、中国岩土力学研究所研究员程昌炳、湖北省荆州博物馆研究员吴顺清和浙江省博物馆研究员卢衡等专家。

经现场调查，专家们发现独木舟及相关遗迹的就地保护还存在着一些不利因素：一是地下水渗水引起的地质环境问题。独木舟处于今后恢复的湘湖水位以下，加之大气降水，地下水及地表水会对独木舟及相关木构件造成侵蚀。遗址在雨季有明显的渗水现象，因此独木舟及相关木构件长期处在潮湿状态，与土壤接触的部位产生霉菌，受到腐蚀。二是独木舟及其木构件腐蚀严重。独木舟及其木构件外观颜色基本已呈深褐色，开裂严重，直裂纹（纵向，即顺纤维向）基本布满了舟体，还有多处横断裂纹，有部位已经完全断裂。独木舟手感很软，基本呈海绵状。对独木舟和木构件以及出土的其他木质文物进行材质腐蚀尝试及微型贯入强度测定，结果显示它们均腐朽严重。独木舟整体已腐朽贯穿，其他构件同样如此。三是临时保护措施造成的影响。在独木舟出土初期，我们曾根据有关专家意见采取了使用丙二醇水溶液喷淋保湿的临时措施。但此溶液对木材的有效成分有溶解作用，对木材纤维素有溶胀作用，2003年夏天的持续高温加速了这些作用，加之喷淋中没有加入防霉杀菌剂，这也是造成独木舟及其木构件腐蚀的重要因素。四是遗址沉积淤泥强度弱。在遗址底部的淤泥经地下水长期浸泡已经成泥浆状，干燥后极易开裂下沉。五是独木舟及其木构件中盐分的影响。独木舟及其木构件在海相沉积淤泥中埋藏了约7000年，材质中渗入了大量的盐类，如不能彻底清洗出来，会影响脱水处理，后患无穷。

图8-6-1　课题组专家察看独木舟情况

从右向左为程昌炳、曹锦炎、吴顺清和陈中行。此时的独木舟由于几个月来使用丙二醇喷洒，颜色明显变黑。

针对上述问题，专家们认为独木舟及相关遗迹的保护必须实施疏干排水、堵水工程，遗址底部淤泥加固工程，独木舟及其木构件脱水加固工程和防霉杀菌工程。这些保护工程的设计与实施需建立在可行性研究工作的基础上，内容包括遗址区的环境水文地质、工程地质条件的研究，独木舟脱水加固定型（化学及微生物方法）的研究，遗址中淤泥加固方法的研究，独木舟、木构件及环境微生物的检测及对有害菌防治技术的研究，独木舟及其木构件的脱盐技术研究。

　　项目组中，刘佑荣教授主要负责阻断独木舟遗迹地下水，地下水若不能阻断，独木舟等现场的木质文物就无法进行脱水处理。程昌炳研究员负责遗址土层加固，他的研究课题"电化学成桩加固法"已经取得成功，只要把钢筋插入湿软如泥浆的地层中，连接仪器插上电后运行，可使泥浆变成如混凝土一样坚硬。陈中行、吴顺清和卢衡则主要负责木质文物的脱水。专家们在遗址现场采集各种样本后回武汉进行研究，临行前，陈中行先生告诉我，独木舟舟体的颜色已经明显变黑，建议我们立即停止喷洒丙二醇，改为喷洒 PEG 化学药水，并委托卢衡先生负责此事。数月后，陈中行先生告知我保护课题研究的初步方案已经拟定完成，建议我们再次召开保护方案论证会。

　　2003 年 9 月 27 日，由浙江省文物局与杭州市萧山区政府联合召开，杭州市萧山区文化体育局承办，萧山博物馆执行承办的第二次"萧山跨湖桥遗址独木舟原址保护可行性研究方案论证会"在萧山举行。中国文物研究所、故宫博物院、南京博物院、湖北省文物保护技术中心、中国科学院武汉岩土力学研究所、中国地质大学、福建泉州海外交通史博物馆、浙江省文物考古研究所、浙江省博物馆、浙江大学、杭州市园林文物局等单位的专家，以及联合国教科文卫组织驻北京办事处专家杜晓帆先生等 30 余人到会。会议推荐中国文物研究所研究员王丹华为专家组组长。

　　会议听取了湖北省文物保护技术中心与浙江省博物馆联合制订的保护课题研究方案设想，由陈中行先生介绍独木舟保护存在的问题与措施设想。他说："感谢萧山博物馆在遗址现场建造了彩钢房子，改变了独木舟及相关遗迹所处的不利环境，为独木舟原址保护创造了基本条件。经检测，独木舟及其他木构件中都含有大量的盐分，必须先进行脱盐再做脱水。并且要采取措施阻断地下水，即把地下水与独木舟隔断，才能最终完成脱水任务。在上述工程中要做好防霉杀菌，并严格控制现场的温湿度，确保病害不会再次产生。"独木舟及相关遗迹的保护方案研究课题重点涉及四个方面的工程：一是疏干排水工程。即必须将独木舟与地下水隔断，才能正式进入脱水程序。二是土遗址加固工程。因为遗址下方的土壤

图 8-6-2　王丹华（右）与陈中行两位专家研究独木舟保存情况

极为松软，还含有大量的水分，必须将遗址的表土加固，防止遗址整体下沉。三是独木舟与其他木构件文物的脱水加固定型工程。四是防霉杀菌工程。即在前面三个工程完成后，将在潮湿、有氧环境中大量繁殖的真菌清除。

刘佑荣教授就"疏干排水"工程进行了详细说明。所谓的"疏干排水"就是要阻断地下水对独木舟遗迹的侵蚀，为此拟定了"五面体隔水"的方案设想，即在独木舟及相关遗迹的四周及底部做上隔水墙，以阻断地下水源。专家们普遍认为"五面体隔水"方案施工难度大，风险高，尤其是底部隔水层的施工极有可能扰乱遗址本体，对独木舟造成伤害，但也没有更理想的方案。

经过认真讨论，与会专家原则上同意了陈中行先生的意见，并一致推荐由陈中行先生牵头负责保护方案的研究与制订。会议确定了由湖北省文物保护技术中心、浙江省博物馆、中国地质大学（武汉）、中国科学院武汉岩土力学研究所、中国科学院武汉病毒研究所、武汉现代工业研究所和萧山博物馆等单位专家组成的"萧山跨湖桥遗址独木舟及相关遗迹原址保护方案研究课题小组"，由陈中行任组长、卢衡任副组长。主要研究人员有湖北省文物保护技术研究中心研究员陈中行，浙江省博物馆研究员卢衡，中国地质大学教授刘佑荣、扬裕云，中国科学

图 8-6-3　陈中行先生介绍保护方案设想

院武汉岩土力学研究所研究员程昌炳，荆州博物馆研究员吴顺清，湖北省文物保护技术研究中心副研究员周松峦，中国科学院武汉病毒研究所副研究员夏克祥、汤显春，萧山博物馆馆长施加农，湖北省轻工研究院高级工程师陈光利，中国地质大学陈子繁，湖北省文物保护技术研究中心副研究员李敦学、谭白明、李玲、程丽珍和助理馆员夏璐等。

　　课题组研究的核心内容包括独木舟及相关遗迹原址保护工程地质工程可行性方案研究、独木舟及木构件脱水加固定型可行性方案研究、遗址软土电化学胶结加固可行性方案研究、遗址表层软土化学加固可行性方案研究、独木舟遗址霉菌防治可行性方案研究、独木舟及其木构件含盐状况与脱盐研究等六个方面。

　　课题小组做了具体的分工：第一项内容是对独木舟标本进行取样研究，制定脱水加固定型方案，由陈中行、卢衡负责。第二项内容是为疏干排水工程进行地质勘探，搞清楚遗址下方的地质情况，为五面墙体隔水层的设计施工奠定基础，由刘佑荣负责。第三项内容是确定土遗址加固工程方案，由陈昌炳负责，其"电化学成桩"土层加固法对遗址土层无震动干扰，若在跨湖桥遗址能取得成功，就可保障独木舟和整个遗迹的稳固。第四项内容是确定防霉杀菌方案，由夏克祥等负责。萧山博物馆全程参与所有课题的研究，承担现场维护、后勤保障、设备购置和研究经费落实等工作。

会议再次强调，鉴于独木舟舟体颜色变深，将原先使用的丙二醇溶液改作PEG化学药水，并明确独木舟及其木构件必须先脱盐再脱水的方针步骤。会议认可的课题研究预算经费65万元由萧山博物馆负责落实。

根据会议安排，课题小组很快开展了实质性工作。

陈中行先生向我推荐了湖北省博物馆文物保护专家李敦学先生进行独木舟的脱盐工作。在经过讨论后，李先生决定在现场制作玻璃钢水槽。玻璃钢从独木舟的两侧插进，为保持独木舟的原址性不变，玻璃钢插入后并没有合拢，只是在独木舟的裂缝中填上硅橡胶，以控制水的渗漏。2003年11月水槽完工，萧山博物馆购买了净水器等设备，将纯净水灌满水槽，安排人员看管并每半个月更换一次纯净水。同时又制作了两个木质大水槽，将遗迹中的其他木构件文物取出浸泡。

图8-6-4 独木舟脱盐水槽完工后，每天用纯净水浸泡脱盐

李先生制作的水槽可谓技术高超，不仅对独木舟本体丝毫无损，密封性也极佳。经过半年左右，独木舟的脱盐工作顺利完成，因使用丙二醇喷淋导致颜色变黑的问题也基本解决，达到了预期目标。

2004年4月初，陈中行先生打电话告诉我，他们研制的脱水方法实验取得了成功。几天后，他把脱水后的标本拿到萧山给我看。原本充满水分又很松软的标本已经十分坚硬，木质的颜色也已还原。

实施步骤如下：首先将样本在蒸馏水中充分浸泡，除去可溶性杂质（如盐和此前临时保护采用的丙二醇等），然后用含尿素7.16%、二甲基脲21.5%、聚乙二醇（PEG）5%的复合溶液浸泡，并逐步递增聚乙二醇至60%。经120余天，从复合液中取出样本，让其在室温下自然脱水干燥。再经90余天，样本趋于稳定。

表8-6-1　独木舟试样脱水定型前后性状对比

指标	处理前	处理后
湿木重（饱水状）	162.63 克	118 克
水重	123.8 克	
含水率	319.4%	
样长（纵向）	19.6cm	19.6cm
样长（弦向）	2.4cm	2.4cm
样宽（径向）	6.0cm	6.0cm

处理结果表明，经PEG复合液脱水加固定型的独木舟样本各向收缩率均为零，样本仍具有木质感，无黏稠和蜡状感，在高温天气不返潮。这为独木舟脱水保护工程方案的制订提供了保障。

此外，刘佑荣教授在遗址现场地质勘探取样分析后发现，独木舟及相关遗迹底部稀湿松软的土壤下方竟然是厚厚的膏泥层，再往下就是山脚的岩石了。这种膏泥层是天然的隔水材料。也就是说，原来确定的"五面隔水墙体"只需要前后左右四面墙体就可以完成，风险最大的舟体下面的墙体可以省去了。膏泥层的发现为我们做好独木舟及相关遗迹就地保护增添了极大的信心。于是，刘教授又重新制订了"暗沟排水"方案，即在独木舟及相关遗迹四周一定范围内适当的位置开挖明沟，在沟外侧做好防渗处理并在底部砌置排水沟后回填，形成排水暗沟，在遗迹西侧拐角设集水井，将水集中排至遗址区外。方案的指导思想是以排为主，堵排结合。

木质文物脱水与疏干排水是独木舟及相关遗迹就地保护工程中最关键的两项研究课题，这两项课题的成功为独木舟及相关遗迹就地保护的实施奠定了基础。

土遗址加固方面，程昌炳研究员从 2004 年 3 月开始即在遗址现场进行"电化学成桩法"加固实验，至 8 月结束。实验非常成功，原本泥浆般的软土已经形同混凝土一样坚硬。"电化学成桩法"的原理是将金属电极（导电体）插入软土中，在直流电的作用下发生电解、水解、氧化和脱水等过程，最后得到胶结物。它可以用包膜的形式，也可以用单粒的形式存在于土中，与土颗粒的作用如同水泥与土颗粒的作用，这样便可以在埋入软土的金属周围形成一个柱体，强度较原土体有很大的提高。

在此同时，独木舟及相关遗迹的防霉技术方案也已经研究完成。

经过专家们的不懈努力，《杭州萧山跨湖桥遗址独木舟及相关遗迹原址保护方案》于 2004 年 9 月制订完成，第三次保护方案论证会于 2004 年 10 月 9 日至 11 日在萧山召开。会上仍旧推举王丹华研究员为专家组组长。陈中行先生及其他专家的研究方案均通过了专家组的评审，专家们对"疏干排水"课题由"五面体隔水"改为"暗沟排水"感到非常振奋。由于跨湖桥遗址当时还只是省级重点文物保护单位（2005 年 3 月 16 日浙江省政府公布），所以有关疏干排水、土遗址加固和防霉杀菌项目是报浙江省文物局审批，而独木舟属于重要出土文物，其脱水加固定型必须报请国家文物局审批。《杭州萧山跨湖桥独木舟遗址中独木舟及木构件脱水加固定型保护方案及预算》经浙江省文物局报国家文物审批，2005 年 8 月 24 日，国家文物局批准同意了该方案。

2006 年 6 月，萧山博物馆实施完成了"疏干排水工程"。工程完成后效果非常理想，原本潮湿的遗址地面很快就开始干裂，甚至不得不每天喷洒必要的水以减缓土壤干燥的速度。疏干排水工程的成功实施，为后续工程的实施打下了坚实的基础。

第七节　转危为安

在 2003 年 9 月第二次保护方案论证会以后，课题小组对方案研究制订的经费做了预算，共需 65 万元。为此，萧山博物馆分别向省、市文物主管部门打了申请报告，同时也向萧山区政府提呈了经费申请报告。2004 年浙江省文物局下拨专款 20 万元，杭州市园林文物局也下拨了 5 万元（因为"非典"影响，旅游人数锐减，市园文局经费非常紧张，能给 5 万元已经实属不易）。征得陈中行先生的同意，我们用这 25 万元作为预付经费，先与湖北省文物保护研究中心（湖北省博物馆）签订了保护方案研究课题制订的协议。

2004 年 8 月，独木舟及相关遗迹的保护方案制订基本完成，并于 2004 年 10 月 9 ~ 11 日召开了第三次保护方案论证会。方案正式通过了专家论证，并报浙江省文物局和国家文物局审批。而此时，保护方案课题研制所缺的 40 万元经费还没有着落，一直欠着课题小组。

2005 年 3 月初，浙江省文物局文物处处长吴志强先生给我打来电话，说是有件事情要征求我的意见。吴处长说："省委书记习近平要对浙江建设文化大省抓些重点项目，我们认为跨湖桥遗址是个新的发现，又命名了文化。因此想请习书记来看看跨湖桥遗址。你觉得可以吗？"我一听这消息，马上就兴奋地说："好的呀！那不是太好的事了吗！我当然同意。"

2005 年 4 月 8 日，浙江省委书记习近平在省委副书记梁平波、省委宣传部部长陈敏尔、杭州市委书记王国平、副省长盛昌黎、杭州市长孙忠焕以及省文物局局长鲍贤伦、省考古所所长曹锦炎以及萧山区委、区政府领导的陪同下来到了跨湖桥遗址。我将独木舟出土以来保护的艰难情况，以及湘湖恢复与独木舟原址就地保护面临的冲突向习书记进行了汇报，习书记明确指示："那你们无论如何也要把独木舟保护好啊！"

在遗址现场参观后，习书记一行又来到江寺参观"跨湖桥遗址考古成果展"。习书记饶有兴致地听取我的介绍，并询问遗址出土文物的情况。

习近平书记一行考察结束后，独木舟及相关遗迹就地保护成为定局，保护课题所拖欠的 40 万元也得到了落实。各级领导对遗址的保护和跨湖桥文化的展示与宣传工作予以了高度重视。2005 年 10 月，得知第一届"世界休闲博览会"将

图 8-7-1　跨湖桥遗址陈列馆外景

于 2006 年 4 月 22 日在萧山湘湖举行后，区委书记王金财马上指示跨湖桥遗址在博览会期间整体展出，并且明确要求在现场建个遗址展示馆。由于时间紧迫，王书记指示可以"特事特办"，所有建设项目的审批程序可以简化。

遗址展示馆于 2005 年 11 月底正式动工，于 2006 年 4 月 20 日建成开放。工程包括土建、装修与陈列布展等。除去春节假期，工期仅用了三个半月。展馆建筑面积 750 平方米，内设序厅、跨湖桥遗址出土文物陈列厅、录像厅、接待室、监控室、值班室，设施一应俱全，如同一个完整的小型博物馆。展览展出了遗址出土的 120 余件文物以及一条复制的独木舟。我给展馆起名"跨湖桥遗址陈列馆"，并请浙江省文物局局长、著名书法家鲍贤伦先生题写了馆名。在陈列馆序厅，我们还横挂了"萧山八千年"五个醒目的大字，以彰显萧山悠久的历史。

开馆之前的 2006 年 4 月 14 日，浙江省委书记习近平再次来到跨湖桥遗址。同行的还有省长吕祖善等省、市、区主要领导。习书记一行的参观还是由我担当讲解。参观结束后，习书记握着我的手嘱咐："这个文化非常重要，你们要进行系统化的深入研究，把她发扬光大。"

习书记的嘱咐在我心中激起无限感慨，省委书记两次专程考察一个考古遗址，可见他对历史文化遗产的保护是何等重视。此刻我更确定了对独木舟及相关遗迹实施就地保护这一决策的正确性，也更深刻地认识到就地保护的必要性和重要意义。

因为有独木舟及相关遗迹在原址进行保护，使遗址有了真正的保护对象，所以跨湖桥遗址在2002年被列为杭州市文物保护点，2005年直接升格为浙江省省级文物保护单位，2006年5月28日被国务院公布为第六批国家重点文物保护单位。跨湖桥遗址的影响力日益彰显，为此我们邀请西安建筑科技大学建筑设计研究院制订了《跨湖桥遗址保护规划》。国家文物局文保司司长关强看后表示，这是第六批国保单位公布后第一个制订的保护规划，对我们的保护工作赞赏有加。此时，建立跨湖桥遗址博物馆的可能性已经越来越大。

根据区文广局领导指示，我立即起草了《跨湖桥遗址博物馆工程项目建议书》，提出了以水坝式的方法建造独木舟及相关遗迹保护设施，现场展示独木舟及相关遗迹，再在遗址边上建造遗址博物馆。我们邀请了西安建筑科技大学建筑设计研究院等三家单位制作《跨湖桥遗址博物馆设计方案》，并提出了几点要求：第一，作为一个专题性的遗址类博物馆建筑，要体现和反映跨湖桥文化的内涵。第二，跨湖桥遗址博物馆是建在山水之间的湘湖中央，建筑的外观一定要与环境相适应，一定要淡化建筑语言，避免突兀。博物馆的建筑虽然重要，但也不能破坏良好的山水环境。第三，建筑的功能分配方面，要把主要的面积用于陈列与展厅，管理用房（包括库房、办公室等）的比例控制在8%以内。今后，这里将是萧山重要的文化展示窗口。

2006年9月下旬，我们组织专家对三家设计单位的方案进行了评审。西安建筑科技大学建筑设计研究院最终中标。9月19日，跨湖桥遗址博物馆建设项目被区政府批准立项。12月，浙江省文物局受国家文物局委托，组织专家对《跨湖桥遗址保护规划》及《跨湖桥遗址博物馆设计方案》进行论证，并通过评审报国家文物局批复。省文物局的吴志强先生说我："你们萧山真会'小题大做'，

图 8-7-2　跨湖桥遗址博物馆概念性设计方案评审会会场

图 8-7-3　独木舟及相关遗迹保护建筑远眺

把仅存的100多平方米遗址实施了就地保护，又成功命名了'跨湖桥文化'，现在又公布了国保单位，还要建遗址博物馆。你施加农真会折腾。"我知道，这是对我们工作的肯定，也是对我极大的鼓舞。

最终，跨湖桥遗址博物馆于2009年9月建成开放。数年来的辛勤努力，曾经似梦想般的愿望终于成为现实。

遗憾的是，独木舟及相关遗迹保护与展示的圆筒状建筑设计方案仅请了水利方面的专家论证，因此只起到了堵水作用，而忽略了木质文物保护需要的通风与温湿度控制需求。近1000平方米的建筑只有一个出入口，无任何其他的通风口，当建筑屋顶盖上后，室内如同蒸锅一般，平均湿度高达95%以上，室内屋顶的冷凝水积存十分严重。没过多久，屋顶隔热板的金属线腐烂断裂，隔热板开始往下掉落，造成安全隐患，为此只得再次安装通风除湿设备。

时至今日，跨湖桥文化已经成为萧山的一张历史文化金名片。从区领导到普通百姓，几乎无不知晓跨湖桥文化和跨湖桥遗址博物馆。如果当初没有实施对独木舟的就地保护，遗址早就成为一片湖水，何来国家重点文物保护单位，哪还有什么跨湖桥遗址博物馆。

回顾这一切，我为所付出的艰辛和努力感到欣慰。

后　记

　　跨湖桥遗址是不幸的，她在沉睡了七八千年后惨遭肢解，几乎被扼杀，她应有的艳丽知者寥寥。其相邻的晚辈河姆渡遗址一被发现便轰动海内外，而她却在相同的时期被不停地蚕食。

　　跨湖桥遗址又是幸运的，在她奄奄一息，行将走到生命尽头时，终于遇见了"伯乐"，及时的抢救让她恢复了生机。她如维纳斯般残缺和无与伦比的美丽被列为重大发现，更被确认为"文化"而矗立在学术高峰。在她险遭搬迁时有人为她坚守，而领导的关注最终使她转危为安，远古的文化终于发出耀眼夺目的光彩。

　　我与跨湖桥遗址结缘数十载，亲历了其发现、发掘、保护直到立项建立遗址博物馆的每个环节，甜酸苦辣都已尝遍。跨湖桥遗址与我而言如同亲生骨肉一般，有深厚的情结。在那些年里，遗址的安危时刻牵动着我的心弦，独木舟及相关遗迹的就地保护最终得以实现让我无比的欣慰。自己对遗址的发现、发掘，文化的确立和命名，独木舟及相关遗迹的保护等虽然尽了全力，但一个小小的博物馆馆长毕竟势单力薄，孤掌难鸣，要把一个仅剩百余平方米面积的遗迹在湘湖的中心地带进行就地保护，以至于影响湘湖恢复这样的重大工程谈何容易。因此我对力挺独木舟就地保护的萧山区副区长周红英，文广局党委书记蒋婉秋、局长来宏明，以及对遗址保护给予全力支持的浙江省文物局鲍贤伦、吴志强，浙江省文物考古研究所曹锦炎、李小宁，杭州市园文局刘颖和卓军等领导发自内心的感谢！对为跨湖桥文化的确立和研究予以大力支持的严文明、张忠培、赵晖、吴汝祚、牟永抗、陈星灿、黄宣佩、宋健等考古大家，以及为了遗迹木质文物能够就地脱水保护而付出辛勤努力的陈中行、卢衡等专家表示由衷的敬意！更让人感慨是，时任浙江省委书记的习近平同志曾两次亲临遗址现场，就遗址的研究、保护对我谆谆嘱咐，给了我莫大的鼓舞，也为独木舟及相关遗迹的保护工作与遗址博物馆的建立铺平了道路。

与跨湖桥遗址相关的经历，是我近三十年文博生涯中最刻骨铭心的事。因为跨湖桥遗址意义重大，给萧山的文博事业发展带来了极其深远的影响，使萧山的文博阵地从无到有、从小到大，乃至萧山区于 2005 年成为杭州市第一个"全国文物工作先进县（区）"都与其有着直接的关系。故写出自己与跨湖桥遗址的故事，谈谈自己对跨湖桥文化粗浅的认识，是埋在我心中的夙愿。

在书稿即将付梓时，我的脑海中自然而然闪现出为跨湖桥遗址的发现、发掘、保护做出贡献、付出心血的考古工作者，芮国耀、蒋乐平两位发掘领队，参加发掘的方向明、郑云飞、郑建明、赵晔、徐新民、孟国平、马祝山、杨卫、倪秉章、王屹峰、朱倩、王兴海、崔太金诸君，是他们为跨湖桥文化的研究积累了原始资料，也为本书的撰写提供了帮助，在此致以深深的谢意！原跨湖桥遗址博物馆副馆长、支部书记金志鹍及萧山博物馆杨国梅、崔太金、陈伟等领导对本书的出版予以大力的支持，陈列保管部张学惠、王兴海，档案员陈芳，办公室贺少俊等在资料整理方面提供了很多帮助，在此一并致谢！

囿于水平所限，本书定有诸多谬误，恳请方家批评指正。

施加农

2017 年初冬于北干山南麓